QUATRIÈME CENTENAIRE

DE LA DÉCOUVERTE

DE LA ROUTE OCÉANIQUE DE L'INDE

(1498-1898)

———

COMITÉ VASCO DE GAMA

DU

DÉPARTEMENT DE L'ALLIER

———

Por mares nunca de antes navegados
Passaram....

Ils sillonnent des mers jusqu'alors inconnues.

(CAMOENS : *Lusiades* — 1, 1,)

Neste vejo cumprir a graô promessa
Que em Ourique Deos fez ao Rei primeiro.

Nous voyons s'accomplir en cet homme héroïque
Ce qu'au premier roi Dieu promit aux champs d'Ourique.

(SÀ DE MENEZES : *Malaca conquistada* — X, 151.)

MOULINS
IMPRIMERIE BOURBONNAISE
1898

QUATRIÈME CENTENAIRE

DE LA

DÉCOUVERTE DE LA ROUTE OCÉANIQUE DE L'INDE

(1498-1898)

Ce portrait est la reproduction phototypique de celui que
M. de Castro Freire, en son vivant vice-recteur de l'Université
de Coïmbre, a fait mettre en tête de la brochure commémorative
consacrée par l'Institut de cette ville au Chantre de Vasco de
Gama, à l'occasion du 3e Centenaire de Camoens.

QUATRIÈME CENTENAIRE

DE LA DÉCOUVERTE

DE LA ROUTE OCÉANIQUE DE L'INDE

(1498-1898)

COMITÉ VASCO DE GAMA

DU

DÉPARTEMENT DE L'ALLIER

Por mares nunca de antes navegados
Passaram....

Ils sillonnent des mers jusqu'alors inconnues.

(CAMOENS : *Lusiades* — 1, 1,)

Neste vejo cumprir a graô promessa
Que em Ourique Deus fez ao Rei primeiro.

Nous voyons s'accomplir en cet homme héroïque
Ce qu'au premier roi Dieu promit aux champs d'Ourique.

(SÀ DE MENEZES : *Malaca conquistada* — X, 151.)

MOULINS

IMPRIMERIE BOURBONNAISE

1898

COMITÉ VASCO DE GAMA

SOMMAIRE

I

COMPOSITION ET FONCTIONNEMENT DU COMITÉ
DE L'ALLIER

II

RÉCIT POÉTIQUE DE L'EXPÉDITION DE VASCO DE GAMA

Luiz de Camoens lit son poème devant le roi D. Sébastien et sa cour.

III

RÉCIT POPULAIRE DE CETTE EXPÉDITION

La découverte de l'Inde racontée par un matelot portugais.

IV

LISTE GÉNÉRALE DES MEMBRES DU COMITÉ
ET DES ADHÉRENTS

1

COMPOSITION ET FONCTIONNEMENT
DU COMITÉ DE L'ALLIER

E Portugal qui fait de l'église de Belem le Saint-Denis de ses grands hommes contemporains, reste également fidèle aux grands souvenirs de son histoire, en rappelant, par la commémoration de glorieux centenaires, quelle place brillante ses navigateurs, ses guerriers, ses poètes et ses saints occupent dans les fastes de la civilisation européenne.

Cette année, c'est le quatrième centenaire de la découverte de la route océanique de l'Inde par Vasco de Gama que célèbrent, d'un commun accord, le gouvernement et le peuple portugais.

Toujours sympathique à de pareilles manifestations, la France a saisi, avec empressement, cette occasion de prouver, une fois de plus, combien est sincère son désir de voir se resserrer les liens de cordiale entente, qui doivent unir entre elles toutes les nations latines.

A Paris, les ministres, les sociétés savantes et les représentants autorisés du monde intellectuel ont fêté à l'envi ce mémorable anniversaire. En province, sous les auspices de la Société académique indo-chinoise de France, et grâce à l'initiative de son dévoué président – M. le marquis de Croizier, chevalier de la Légion d'honneur, grand'croix du Christ de Portugal, membre du conseil supérieur des colonies, membre de l'Académie royale des sciences de Lisbonne, de l'Association royale des archéologues portugais, de la Société de géographie de Lisbonne, etc. — se sont formés de nombreux comités départementaux qui, faisant appel, à l'exclusion de toute préoccupation politique, aux lettrés, aux savants et aux patriotes, ont rencontré partout la plus grande faveur.

Placé sous le patronage des hauts fonctionnaires du département, celui de Moulins a été ainsi composé :

Présidents d'honneur :

MM. Druard (Hippolyte), Officier de l'Instruction publique, Préfet de l'Allier.

Dubourg (Mgr A.), Evêque de Moulins.

Haranguier de Quincerot (le général d'), officier de la Légion d'honneur, commandant la 13ᵉ brigade de cavalerie.

Catusse (E.), trésorier-payeur général de l'Allier.

Bourdel (H.), agrégé de l'Université, officier de l'Instruction publique, inspecteur d'académie, à Moulins.

Président.

M. Faure (Henri), docteur ès lettres, officier de l'Instruction publique, chevalier de N.-D. de la Conception de Villa-Viçosa, officier du Nichan-el-Anouar, commandeur d'Isabelle-la-Catholique, membre correspondant de l'Institut de Coïmbre et de l'Académie royale des sciences de Lisbonne, membre d'honneur de la Société des Sciences, Arts et Belles-Lettres de Londres, etc.

Vice-Président.

M. OLIVIER (Henri), chevalier de la Légion d'honneur, chevalier de Charles III d'Espagne, chef de bataillon de l'armée territoriale, ancien conseiller général, président de la Société d'Horticulture de l'Allier, etc.

Secrétaire.

M. MOREAU (René), architecte, officier d'académie, chevalier d'Isabelle-la-Catholique, membre de la Société des Artistes français.

Membres du Comité :

MM. AUBERT DE LA FAIGE, capitaine d'état-major (réserve), maire de Barrais-Bussolles ;

BARD (Léandre), officier de l'Instruction publique, inspecteur primaire, à Moulins ;

BARET (l'abbé A.-J.), chanoine honoraire, curé-doyen de Bourbon-l'Archambault ;

BONNARD (Claude), haut titulaire de plusieurs ordres ; vice-consul de Russie, d'Espagne et de Portugal, à Vichy ;

BOUTRY (le vicomte), homme de lettres, titulaire de plusieurs ordres ;

MM. Castaigne (Joseph), officier de l'Instruction publique, proviseur du Lycée Banville, à Moulins ;

Crépin-Leblond (Marcellin), imprimeur, directeur du *Courrier de l'Allier* et de la *Quinzaine Bourbonnaise ;*

Damour (Edouard), avoué licencié, président de la « Lyre moulinoise ».

Favier (l'abbé), chevalier du Saint-Sépulcre, curé de Saint-Léopardin-d'Augy ;

Garidel-Thoron (Joachim de), président de la Société d'Agriculture de l'Allier ;

Gondard, négociant, adjoint au Maire de Moulins, président de la Société de gymnastique « la Bourbonnaise » ;

Lalaubie (docteur de), chevalier de la Légion d'honneur, commandeur de N.-D. de la Conception de Villa-Viçosa, médecin consultant, à Vichy ;

Lamapet (Louis), imprimeur, membre de la Société des Gens de Lettres, directeur du *Messager-Mémorial de l'Allier ;*

Le Febvre (le baron), chevalier de Saint-Grégoire, président de la Société d'Emulation et des Beaux-Arts du Bourbonnais, du Comité de l'Alliance française, du Concours hippique de Moulins, etc.

Ligneris (le commandant, comte des), chevalier de la Légion d'honneur, président de la Société de Tir ;

Menon (Paul), directeur de la succursale de la Banque de France, à Moulins ;

Méplain (Armand), ancien député, bâtonnier de l'ordre des avocats ;

Mony, statuaire et homme de lettres, à Paris.

MM. Nœtinger (Gustave), receveur principal des Postes
et Télégraphes, à Moulins ;

Pailloux, négociant, président de l'« Union chorale ».

Sorbel (Joseph), chevalier de la Légion d'honneur,
officier d'académie, maire de Moulins ;

Trimoulier, conseiller de préfecture, président de la
« Bibliothèque populaire ».

Vié (Jacques), professeur de dessin au lycée Banville,
officier d'académie, membre de la Société d'Emulation et des Beaux-Arts du Bourbonnais, correspondant de la Société populaire des Beaux-Arts et
de la *Revue populaire des Beaux-Arts ;*

Ville (Pierre Marie), agrégé des lettres, officier d'académie, chevalier d'Isabelle-la-Catholique, professeur de rhétorique au lycée de Montluçon.

Le 30 juin, tous les adhérents ont été convoqués à une
réunion générale, qui s'est tenue dans le grand salon de
l'Hôtel de Ville de Moulins, et, au nom des membres du
bureau, le Président a rappelé de quelle mission ils étaient
chargés, et de quelle façon ils s'étaient efforcés de la remplir.

Cette mission était :

1° De recueillir des adhésions, soit parmi ceux des Français que des rapports d'intérêt ou de sympathie unissent
aux Portugais, hôtes accoutumés de nos villes d'eaux, soit
dans la partie éclairée du public, qui comprend de quelle
importance fut pour le développement de la civilisation, du
commerce, des sciences géographiques, etc., le premier
voyage de Vasco de Gama aux Indes, par le sud de l'Afrique.

— Le président a eu la satisfaction d'annoncer à l'assemblée que
le nombre des adhésions dépasse sensiblement la centaine. Le mérite
de ce succès revient, pour la plus grande part, aux personnes hono-

rables qui ont bien voulu prêter au comité l'appui de leur patronage et l'aider de leur concours.

2o D'engager les Associations de la presse et de la paix à se faire représenter aux Congrès internationaux, qui se tiendront à Lisbonne, au mois de septembre prochain ;

— Il n'existe pas, à notre connaissance, d'Associations de la presse et de la paix dans notre département.

3o D'inviter les sénateurs et les députés du département à prendre part à la conférence interparlementaire du même mois, à Lisbonne.

— Il est probable que, si cette conférence interparlementaire se réalise, plusieurs des députés de l'Allier, pressentis à cet égard, pourront y assister.

4o De faire savoir aux Sociétés savantes du département que leurs délégués pourront assister, à Lisbonne, à l'inauguration du Musée colonial, de l'Hôtel de la Société de Géographie et de l'Aquarium maritime.

— Les Sociétés savantes ont été avisées ; s'il y a lieu, elles nommeront des délégués.

5o De prévenir les sociétés nautiques, vélocipédiques, musicales et les sociétés de tir qu'elles pourront prendre part aux régates, courses de vélocipèdes, festivals et concours de tir de Lisbonne, dont la date et les conditions leur seront indiquées en temps utile.

— Avis a été donné à ces diverses Sociétés. Il faut, cependant, remarquer que la première partie de ces fêtes a déjà eu lieu. La France y était officiellement représentée par la présence du *Pothuau*, et le délégué de la Société de Géographie de Paris en a rendu compte, dans une séance solennelle de cette Société. Quant à la seconde partie, si les événements permettent de réaliser dans son entier le programme primitif, la date en sera ultérieurement fixée.

6º De réunir les cotisations des adhérents. Le produit de ces cotisations, fixées à cinq francs, est destiné à une œuvre de bienfaisance portugaise.

— Grâce à la générosité de notre vice-président et de quelques membres du Comité, nous pourrons consacrer, à peu près dans son entier, à l'œuvre de bienfaisance, la somme produite par les cotisations.

7º D'indiquer à ceux de nos concitoyens qui seraient disposés à se rendre à Lisbonne, par quels moyens — réduction sur le tarif des bateaux et des chemins de fer, commission lisbonnienne des logements, hôtels, restaurants, etc. — ce voyage pourra être facilité.

-- Ces renseignements seront donnés aux intéressés, dès que la date des fêtes sera connue

8º De rechercher et de signaler les manuscrits, livres et objets d'art du département, qui ont trait au Portugal.

— A la Bibliothèque de Moulins, la seule dont nous ayons pu consulter le catalogue, il n'existe, en dehors de quelques ouvrages de M. Henri Faure (*Les Drames de l'Histoire* ; *Camoens* ; *Cœurs héroïques* ; *Histoire d'une Faculté*, etc.) que le poème de Sà de Menezes : *Malaca conquistada*, 3ᵉ édition, Lisbonne, 1779, et la traduction des *Lusiades*, par Millié, revue, corrigée et annotée par M. Dubeux, et précédée d'une notice de M. Charles Magnien, membre de l'Institut, sur la vie et les œuvres de Camoens, Paris, 1862. Aucune œuvre d'art d'origine portugaise n'a été signalée au comité.

9º De faire présenter des adresses de félicitations aux souverains portugais, que des liens de famille et de longue amitié attachent à la France.

— L'adresse suivante a été soumise à l'assemblée,

A SA MAJESTÉ

DOM CARLOS Ier, ROI DE PORTUGAL

ET DES ALGARVES

SIRE,

Interprète des sentiments de ses concitoyens, le Comité de Moulins, organisé, sous les auspices de la Société académique Indo-Chinoise de France, pour assurer la participation du département de l'Allier à la commémoration du grand événement historique que célèbre, cette année, le Portugal,

*Vient prier Votre Majesté de daigner accepter nos respectueux hommages pour l'illustre Maison de Bragance, dont l'auguste chef, lorsqu'il a voulu choisir une compagne digne de lui et de sa vertueuse mère, l'a demandée à la France ; dont les princesses s'enorgueillissent moins de leur titre de reines que du surnom d'*Anges de la Charité, *que leur a décerné la reconnaissance publique ; dont les princes honorent de leur protection éclairée et de leur exemple les sciences, les arts et les lettres, ces fleurs brillantes de la civilisation, qui s'épanouissent surtout et dans tout leur éclat sous le beau ciel des pays latins, et, comme l'ont prouvé les fêtes récentes du quatrième centenaire de l'Infant D. Henri, de saint Antoine de Padoue, de Camoens, comme en témoignent celles du quatrième centenaire de Vasco de Gama, conservent pieusement le culte des gloires portugaises ;*

Et l'expression de notre vive sympathie pour une nation aimable, intelligente et brave, amie sincère de la

*France, qui occupe une place si importante dans l'his-
toire de la civilisation, et dont les fils marchent d'un pas
ferme, dans le glorieux sentier tracé par leurs ancêtres.*

*Les grands souvenirs auxquels un peuple généreux
reste fidèle, lui permettent les grandes espérances :
puissent les temps mémorables des Diaz, des Gama, des
Cabral, des Pacheco, des Albuquerque, des Castro, des
Camoens, renaître pour le Portugal! Puisse le monde
civilisé admirer encore dans l'avenir, comme il l'a fait
dans le passé, les merveilles accomplies sous ces princes
qui « savaient si bien faire leur métier de rois », les
Jean II et les Emmanuel le Fortuné, dont l'histoire a
gravé le nom au Panthéon de l'immortalité !*

Pour le Comité et les adhérents,

Les membres du Bureau,

H. FAURE, *Président,*
H. OLIVIER, *Vice-Président,*
RENÉ MOREAU, *Secrétaire.*

*Cette adresse a été votée à l'unanimité des membres
présents.*

Moulins, le 30 juin 1898.

Le président a mis alors sous les yeux des assistants, ce
qui a paru beaucoup les intéresser, de nombreuses vues
des principaux monuments du Portugal, le panorama de
Lisbonne, et des souvenirs des divers centenaires de l'Infant
D. Henri, de Camoens, de saint Antoine de Padoue et de

Vasco de Gama. Leur attention s'est tout particulièrement
fixée sur deux beaux dessins, — une marine et la tour de
Belem, — que le duc et la duchesse de Bragance, aujour-
d'hui souverains du Portugal, avaient composés pour une
publication spéciale, magnifique specimen de l'imprimerie
lisbonnienne, dont le produit était destiné à secourir les
victimes de l'incendie du théâtre de Porto. De grandes
misères purent être ainsi atténuées, et l'on vit dans cette
triste conjoncture, en Portugal, comme nous le voyons tous
les jours chez nous, l'union de l'Art et de la Charité accomplir des prodiges.

II

RÉCIT POÉTIQUE DE L'EXPÉDITION

DE VASCO DE GAMA

Luiz de Camoens lit son poème devant le roi D. Sébastien et sa cour

CAMOENS a été admis à l'honneur de lire son poème en présence du roi et de sa cour. Pour l'entendre, la noble assemblée s'est réunie sous les ombrages de la Penha-Verde, parc immense, voisin de Cintra.

1. — Chacun a pris place, à l'ombre de grands arbres, sur des sièges pleins de fraîcheur, que fournit le gazon velouté.

Le jeune roi attache ses regards, attentifs et impatients, sur le guerrier poète, dont le noble front semble resplendir des rayons de la gloire et refléter une divine inspiration.

Des courtisans, les uns partagent véritablement les sentiments du prince ; les autres feignent de les éprouver ; mais, tous, ils composent leur visage sur celui du maître.

Le poète commence. Sa voix est calme, respectueuse sans timidité ; elle fait sentir, avec une certaine pompe, la cadence mesurée du vers mélodieux.

Il expose d'abord le sujet héroïque de ses chants : la guerre, et la gloire des Portugais illustres qui fondèrent le nouvel empire d'Orient ; les grandes actions des rois et des héros, dont le nom s'est à jamais affranchi de la loi commune de la mort.

Il invoque ensuite les Muses du Tage, pour que, par leur secours, sa voix s'élève jusqu'au sublime, et que son style soit à la fois éloquent et facile : « Donnez-moi, dit-il, d'un ton plus vibrant, donnez-moi des accents pleins de fougue, d'éclat et de grandeur ! Ce n'est pas, en effet, du hautbois champêtre, ou de la flûte modeste, mais de la trompette sonore et belliqueuse, dont les sons enflamment le cœur et font pâlir le visage, que doit sortir un chant digne de ce grand sujet, si toutefois la poésie peut atteindre à ce sommet sublime » !

2. — Puis, dans des vers où vibre l'amour de la patrie, il convie le jeune roi, ferme espoir de l'antique liberté lusitanienne, à l'entendre chanter les hauts faits des Portugais : il lui peint, en vives couleurs, la grandeur du peuple qu'il gouverne, sa loyauté, sa bravoure, et en rappelant les vertus de ses glorieux ancêtres, il lui offre un digne sujet d'émulation.

3. — Bientôt embouchant la trompette de Calliope, il donne à son langage un tour brillant, mais exempt de fausse pompe et d'enflure.

Comme un fleuve imposant coule avec majesté et se répand sur ses rives en ondes magnifiques, ainsi fait le poète, au vaste génie, en traitant son admirable sujet.

4. — Voici ce qu'il raconte :

« Au milieu de l'océan, par un temps favorable, voguent les navires audacieux.

« Le Maître souverain, le roi puissant du ciel réunit en

conseil les divinités qui lui sont soumises, pour les entretenir d'une si grande entreprise. On croit voir le Père des dieux assis sur son trône de diamant. De ses lèvres rayonnantes sort l'éloge de la nation portugaise, qui étonne l'univers et le fait trembler. Il est d'avis de lui donner une gloire encore plus grande dans l'Orient inconnu.

« Par jalousie, le vainqueur de Nysa, Bacchus, combat la proposition de Jupiter. Mais la cause de l'héroïque Lysia (1) est chaleureusement défendue par la belle Vénus, pleine d'affection pour un peuple qui a hérité des qualités de la nation romaine, et dont la langue, quoique légèrement modifiée, lui semble celle de Rome ; un peuple qui montre tant de zèle pour son culte, qui honore ses autels avec tant d'amour !

« Le Destin prononce son arrêt, et Jupiter le confirme : les portes de l'Orient s'ouvriront devant les Portugais ! »

5. — Vasco de Gama est parti de Lisbonne avec trois caravelles. « Abordant à Mozambique la traîtresse, il punit le Maure déloyal de sa perfidie et de sa méchanceté.

« Le voilà à Mombaça, où d'hypocrites Sinons espèrent le faire tomber dans leurs pièges. C'est là que, par son pouvoir magique, le dieu dont le visage brille d'une éternelle jeunesse et dont la naissance fut double lui a traîtreusement préparé une mort cruelle. Mais toi, charmante Erycine, la bienfaisante protectrice de cette vaillante nation, toi et les blanches filles de Nérée, vous le sauvez de ces embûches, en opposant votre divine poitrine à la dure carène des vaisseaux. »

Ici les accents du poète deviennent plus doux ; son chant semble exhaler les suaves parfums d'Amathonte ; les roses de Paphos et les jasmins de Gnyde couronnent sa lyre,

(1) Nom ancien et poétique de Lisbonne, et, par extension, du Portugal.

lorsqu'il accompagne la belle Dionée-Vénus dans le sixième ciel. Sur le visage des auditeurs se reflète le plaisir qu'une peinture délicieuse éveille dans notre âme. Le charme exquis de ces tableaux délicats, ce n'est point la nature qui l'inspire au poëte : la nature n'y saurait atteindre ; c'est l'Amour ! Il l'a tiré, pour Camoens, de ses trésors secrets, qu'il n'ouvrira à nul autre, pas même au Titien, le premier, pourtant, de ses favoris....

6. — « Voilà, de nouveau, Vénus devant le Père tout-puissant.

Elle implore son appui contre l'hostilité de Bacchus.

Jupiter ne sait pas résister aux séductions de ce visage céleste, couvert d'un léger nuage de tristesse, que tempère un doux sourire.... C'est par un tendre baiser qu'il répond à la suppliante.

7. — « Dès lors un destin plus favorable commence à seconder les efforts de nos hardis marins. Au roi de Mélinde, qui les reçoit en ami, Gama raconte les exploits des Portugais, il décrit leur patrie et leurs mœurs.

« Le roi barbare est charmé d'apprendre le nom des peuples les plus lointains de la fière Europe. Gama lui montre, formant pour ainsi dire le sommet de la tête de cette Europe, le royaume de Portugal qui fut, dans les temps reculés, la patrie du courage et de la liberté. Il parle de ce hardi berger (1) qui, de la pointe de son bâton ferré, abattit les aigles romaines ; du comte Henri (2) qui brisa le joug des Maures, et de son épée victorieuse traça les fondations de Lysia ; du fils illustre de ce prince (3) à qui échut une gloire plus grande encore.

(1) Viriathe.
(2) Henri de Bourgogne, descendant de Hugues Capet.
(3) Alphonse Henriquez, le premier roi de Portugal.

« Il vante ensuite la loyauté et l'honneur d'Egas Monis ; puis la conquête des Algarves brûlantes par Sanche Iᵉʳ.

« Sanche a pour digne successeur un autre Alphonse, le vainqueur d'Alcacer, où le Maure opiniâtre a été définitivement anéanti.

« Mais la mollesse et l'inertie de Sanche II, jouet de ses favoris, ne trouvent point grâce devant la fière nation qui ne peut souffrir pour maître qu'un roi supérieur à tous les autres hommes. Son frère, le comte de Boulogne prend les rênes de l'Etat, qui échappent aux mains débiles de Sanche, et la gloire luit de nouveau sur les armes portugaises.

« Denis eut encore un meilleur destin : prince ami de la paix, il embellit les conquêtes de l'épée, les orna par les beaux-arts, les ennoblit par les lettres, et appela de l'Hélicon dans les belles campagnes du Mondégo les Muses au langage doré (1). Brillante lumière de ce monde, les bonnes mœurs, les libertés publiques et les lois furent en honneur sous ce règne.

8. — « Son fils Alphonse fut brave : il dompta l'orgueil castillan ; à la tête d'une faible armée, il écrasa, dans les plaines du Salado, les forces redoutables des Infidèles.

« Mais les verts lauriers d'une victoire si belle et si fructueuse furent flétris le jour funeste où, cédant à un mouvement de barbare colère, il frappa d'une mort injuste l'incomparable Inès (2). Tous les peuples du monde redisent les chants funèbres que le poète leur a appris : de la Néva barbare à la Seine civilisée, de la froide Tamise aux plaines

---

(1) C'est à l'Université de Coïmbre, fondée par Denis, que Camoens et Garrett firent leurs études. Camoens appelle Coïmbre « l'Athènes du Portugal ».

(2) La mort d'Inès de Castro, que l'infant D. Pèdre avait, dit-on, épousée secrètement, est l'un des plus touchants épisodes des *Lusiades*.

brûlantes du Pô, les plaintes d'Inès résonnent sur la lyre.

9. — Douces Nymphes du tranquille Mondégo, vous qui, en des jours plus fortunés, aviez entendu, sous le bosquet où s'abritaient tant d'amour et tant de bonheur, ces tendres soupirs, ces plaintes délicieuses, charme enivrant du cœur ; vous qui aviez recueilli les tristes « hélas ! » qu'exalait sa mélancolie rêveuse, lorsque, en l'absence du maître de sa vie, seule, gémissante colombe, elle allait déplorant l'éloignement de son cher trésor, de son bien-aimé Pèdre, apprenant aux montagnes et aux plaines ce nom gravé dans son sein ; vous qui, plus tard, en souvenir de sa mort misérable, n'avez, pendant de longues journées, fait couler que des larmes adorables de vos urnes cristallines, et en avez formé une fontaine appelée par vous du nom qu'elle porte encore aujourd'hui, *Fontaine des amours*, car ce lieu avait été témoin des amours d'Inez ; c'est vous qui avez raconté au poète les tendres secrets, l'amour mystérieux, les plaintes, la douleur de l'infortunée Castro....

Ici la lyre du poète gémit, sa voix est entrecoupée ; ses accents plaintifs deviennent si touchants, et en même temps il y vibre une douleur si poignante, qu'on ne peut les entendre sans que le cœur ne soit brisé !

10. 　 « Il est absent, le cher époux ! A travers la campagne fleurie, Inez erre solitaire : sur les ailes de la pensée elle voit voltiger les doux rêves du cœur, les tendres souvenirs du passé et, charme plus grand encore, l'espérance, trompeuse, hélas ! d'un heureux avenir.... Oh ! quand pourra-t-elle le presser dans ses bras ?.... Ce bruit que font des cavaliers armés, ces coursiers qui hennissent dans la cour du palais !... Elle écoute... C'est lui ! C'est son Pèdre ! Oh ! quel bonheur !

« — Mon époux ! s'écrie-t-elle, mon cher époux !... Mais

l'époux est absent, et c'est son père qui répond pour lui. D. Pèdre ne doit plus venir ! Juge impitoyable, le roi s'est fait accompagner de courtisans jaloux et cruels.

11. — « Entourée de ses chers petits enfants, baignée de larmes et gémissante, Inez supplie... Mais c'est en vain qu'elle implore ces barbares : ils plongent leur épée dans son sein d'ivoire... L'éclat de la rose s'efface sur ses joues, à mesure que le sang jaillit de sa blessure !

« Pressée dans les bras de ses fils innocents, elle ne fait plus entendre ni plaintes ni soupirs : elle baise, l'un après l'autre, ces chers visages, qui lui rappellent si vivement celui du bien-aimé. De ses lèvres s'échappe enfin la vie ; son dernier souffle s'exhale en doux baisers d'amour. La belle lumière de ses yeux s'est éteinte ; un frémissement parcourt son corps ; sa main incertaine cherche encore ses enfants pour caresser une dernière fois l'image de son Pèdre chéri ; ces mots, à peine intelligibles : « Cher époux ! Cher époux ! » accompagnent ses étreintes maternelles.... Et Inez n'est plus ! »

12. — A ce point du récit, on eût vu sur plus d'une figure martiale les signes d'une irrésistible émotion. C'est que du cœur au visage s'ouvre un canal secret, que seuls peuvent obstruer les vices ou le faux orgueil de l'homme sans entrailles.

13. — « Gloire au grand poète ! » s'écrie l'assemblée : l'émotion ne comporte pas de longs discours. Le jeune roi applaudit avec un sincère enthousiasme. En secret il se dit : « Un jour j'éclipserai tous ces hauts faits ; j'inspirerai des chants plus beaux encore ! »

14. — En ce moment, sur de riches plateaux d'or, artistement travaillés, tribut des rois vassaux de l'Orient, des pages apportent ces fruits confits, charme des yeux et du

goût, qui font la réputation de l'ombreuse Madère, et qui sont le luxe des tables splendides....

Après que la noble compagnie s'est un peu rafraîchie, le poète continue en ces termes :

« Gama raconte donc à ce roi ami les principaux faits de notre histoire. Il lui parle des amours adultères de Ferdinand, qui, par faiblesse et lâcheté, laissa le royaume sans défense, en butte à l'âpre hostilité de la Castille, l'exposant ainsi à une complète destruction. Ah ! combien un roi sans énergie ne peut-il pas affaiblir une grande nation ? (1)

15. — La voix de Nuno Alvarez Pereira réveille le peuple portugais de la honteuse léthargie où il était plongé. En vain l'orgueilleuse Castille réunit-elle toutes ses forces, à la mort de Ferdinand, pour soutenir Béatrix, fille de Léonor Tellez, c'est à Jean, grand maître d'Avis, fils bâtard de D. Pèdre, que le peuple décerne la couronne, et l'élu du peuple se montre digne de ce choix. La nation que la liberté inspire est invincible ; elle ne courbe pas sa tête altière sous le joug étranger !

16. — « Champs d'Aljubarrota, vos échos semblent encore répéter les accents terribles, stridents, barbares, effroyables de la trompette castillane... Le sang coule à flots, la terre tremble sous les pieds pesants des chevaux enflammés d'ardeur ; le tumulte remplit la vallée ; le fer des lances pénètre dans les corps, les boucliers sonores se brisent avec fracas.

« Victoire ! Les Portugais triomphent, grâce à Nuno, le vaillant connétable de Jean d'Avis.

---

(1) Ferdinand avait répudié la reine, fille de Henri de Transtamare, pour épouser l'ambitieuse et altière Léonor Tellez, qu'il enleva, par un divorce, à son premier mari. Pour venger sa fille, Henri envahit le Portugal, qu'il ravagea jusqu'à Lisbonne.

« Désormais l'Europe ne suffit plus à notre ardent courage : l'Afrique brûlante a tremblé, et Ceuta vaincue ouvre ses portes à nos magnanimes infants. Mais la victoire se fait chèrement payer : un nouveau Régulus, pour le seul amour de la patrie, passe dans l'esclavage une vie qui pouvait rester libre ; Ferdinand, cinquième fils de Jean d'Avis, expire dans un sombre cachot ! Son nom, du moins, triomphe de la mort, et brille d'un vif éclat, pour l'honneur de la patrie, comme pour l'éternel opprobre des princes qui attendent le trépas sur un lit doré.

17. — « Illustre Jean d'Avis, ton règne fut comme l'aurore brillante de la gloire du Portugal, qui, de l'extrémité de l'Occident, vola triomphante jusqu'aux pays les plus lointains, à travers des mondes nouveaux et des mers inconnues. Jamais on ne vit ici-bas un roi grouper autour de son trône tant de généreux fils. Ces princes ne reposent pas mollement sur la pourpre paternelle : ils ne voient pas de grandeur à végéter dans une honteuse oisiveté ; leur rang n'est pas pour eux un prétexte à traîner leur vie dans l'indolence. Henri, le grand, le sage, le philosophe, est le protecteur des sciences, qu'il cultive avec honneur ; Ferdinand sera le saint martyr de la patrie ; Pierre aura pour surnom le vertueux, le législateur, le juste ; Jean, l'austérité même, joint l'âme d'un Romain au cœur d'un Portugais ; Edouard, qui doit régner si peu de temps, est un prince pacifique et pieux.

18. — C'est dans l'âge tendre de l'innocence que le cinquième Alphonse revêtit le manteau royal. Sa jeunesse inexpérimentée eut pour tutelle les vertus de D. Pèdre, son oncle, prince du plus grand mérite.

« Par malheur, les plaines odieuses d'Alfarrobeira, que la guerre civile abreuva de sang, virent se dénouer d'une

manière inique et **hont**euse, un drame digne des Tours de
Byzance (1).

« Toute ta gloire, victorieux Alphonse, et ce brillant
surnom d'Africain que t'a valu la destruction d'une seconde
et déloyale Carthage ne peuvent laver une tache si noire
faite à ta renommée....

« S'il y eut jamais un roi juste, un roi citoyen, un roi
magistrat, un roi soumis aux lois qui, grâce à lui, furent la
protection du peuple ; un roi dont le sceptre, verge auguste
de justice, ne pencha ni vers le grand ni vers le petit, qui
punit les oppresseurs, et défendit les opprimés ; qui abattit
le vain orgueil et releva le mérite ; qui alla chercher la vertu
dans une humble demeure, pour la mettre en pleine
lumière, ruinant les palais où trônaient le crime audacieux
et l'orgueil stérile ; un roi qui sut et qui voulut faire « son
métier de roi », ce fut certainement le second Jean. Que
d'autres, illustre prince, te glorifient pour la valeur que
Toro proclame encore, pour les contrées domptées, les
mers parcourues, les caps découverts, espoir de richesses
et de conquêtes pour l'avenir (2), moi je ne veux couronner
ton buste sacré qu'avec le rameau civique du chêne
toujours vert, du chêne plus noble et plus glorieux que le
laurier dont on pare les héros ! Des taches de sang souillent
toujours les palmes de la victoire : les cris de la veuve,
les plaintes de l'orphelin rompent l'harmonie des clairons
de la Renommée ; tandis que les bénédictions d'un peuple
reconnaissant forment une mélodie suave, qui se fait
entendre, à travers les siècles, jusqu'aux générations

(1) Indignement calomnié par ses ennemis, surtout par le comte de
Barcellos, bâtard de Jean Ier, D. Pèdre fut contraint de se retirer dans
ses domaines. Il y fut attaqué et périt au début de l'action.

(2) C'est lui, on le sait, qui nomma le cap des Tempêtes cap de Bonne
Espérance.

futures ! Un roi comme celui-là, un autre Jean second, donnez-le leur, et oubliant leur fougueux républicanisme, les Brutus et les Catons s'agenouilleront devant le trône !

« C'est ce prince qui voulut faire explorer les contrées où naît l'aurore ; mais ses efforts furent vains : le ciel réservait ce bonheur à Emmanuel-le-Fortuné.

19. — Ici Vasco retrace le songe mystérieux qu'eut cet heureux monarque, aux premiers rayons de l'aube, et dans lequel, augure favorable, lui apparurent le Gange vénérable et le roi Indus.

« Il dit les périls de cette entreprise inouïe, dont Emmanuel fut le promoteur ; les fatigues, les dangers supportés, pendant une route longue et pénible ; Mozambique rudement châtiée de sa trahison ; le terrible géant Adamastor, jouet de l'amour, devenu rocher, en punition de ses tentatives audacieuses.....

20. — « En terminant, Gama raconte comment il est arrivé, sous d'heureux auspices, au rivage de Mélinde. Là s'arrête le récit qui lui a été demandé. Il conclut la paix, et forme une alliance cordiale avec le monarque africain ; puis il vogue sur les mers de l'Inde, et il arrive, enfin, à cette terre si longtemps et si ardemment désirée.

21. — « La grande entreprise est achevée : le Gange est ouvert aux galions du Tage.

« En vain, dans la perfide Calicut, un traître charge-t-il de fers le bras invincible du vaillant Gama, rien ne peut triompher de la constance et de la généreuse audace de cet intrépide capitaine.

Joyeux et fier d'avoir découvert l'Orient, il brave, une fois encore, les périls d'une mer peu sûre, et il tourne vers l'ouest la proue aiguë de ses navires.

22. — « La fille de l'onde azurée, la belle Vénus ménage

alors à nos marins les enivrantes douceurs d'un repos ami dans une île enchantée. Ils dirigent leur proue vers ses rivages; ils abordent, et ils restent fascinés par tant de merveilles : là se trouvent, en effet, réunies toutes les beautés que la nature a répandues sur les mers, sur la terre et dans les cieux, bosquets touffus, parcs frais et fleuris, gazons verdoyants, trésor de Pomone, vermeils et dorés...

« C'est dans cette île enchanteresse, qu'une nymphe, instruite par Protée dans l'art de prévoir l'avenir, révèle au héros les exploits futurs des fils de Lysia dans l'Orient dompté.

23 — « Déjà, dit-elle, les vaisseaux rapides couvrent le vaste Océan que Gama leur a ouvert ; ils règnent en vainqueurs sur les mers frémissantes. De fiers souverains qui n'ont jamais courbé sous le joug leur tête altière, connaissent la puissance d'un bras dont la vaillance et la force les contraignent à s'humilier ou à mourir.

« Le grand Pacheco, l'Achille du Portugal, met en déroute, dans le détroit de Cambalon, les orgueilleux nayres, grands dignitaires civils et militaires du puissant Zamorin, ou roi de Calicut. Dans sept batailles acharnées, il triomphe sur terre et sur mer.

« Vient ensuite Almeida avec son noble fils : il teint les flots de l'Océan indien du sang des ennemis. Mais le sien aussi a coulé. Père irrité, il en tire une cruelle vengeance : Daboul, Cambaye, port de Diu, son épée foudroyante vous apporte la destruction et la mort !

« Ce héros, du moins, échappe à tes coups, odieuse Envie, passion des courtisans perfides. Son destin est affreux ; et pourtant ne vaut-il pas mieux mourir sous les coups des sauvages, des Cafres barbares, sur une plage déserte, que d'être tué par la faim, dans le giron de la patrie ?

24 — « Mais de quelle lumière s'éclaire l'horizon ! C'est le reflet du feu, l'éclat des armes brillantes qui assurent le triomphe d'Albuquerque sur le Persan altier. Rendez-vous, Ormuz, Géran, Mascate et Goa ! Pour toi, opulente Malacca, c'est en vain que tu te caches au loin dans le sein de l'Aurore, d'où tu sortis un jour ; c'est en vain que tu places sur l'arc redoutable tes flèches empoisonnées, que tu trempes un fer perfide dans un venin mortel. Malais efféminés, Javanais valeureux, tous vous succomberez sous l'effort des Portugais vainqueurs !

« Médine exécrée et La Mecque tremblent au nom de Soarès ; elles tremblent aussi les plages les plus reculées de l'Abyssinie ; elle courbe le front la fière Taprobane : signe de souveraineté, le pavillon portugais flotte sur les tours de Colombo !

25 — « Vous venez ensuite Sequeira, Edouard et Henri de Ménezès, et toi vaillant Mascarenhas, porter à son comble la gloire du nom portugais !

« Grâce au célèbre Hector de Sylveira, Sampayo triomphe des flottes arabes. Baçaïm se rend à l'illustre Nuno da Cunha. Souza bâtit les hauts remparts de la noble Diu, que défend le brave, l'honnête, le victorieux, le triomphant Jean de Castro. Jamais ici-bas on ne prononcera le nom d'un guerrier plus grand par sa gloire, sa vertu, son intégrité, son patriotisme. »

Sublimes épopées, mon humble vers n'est qu'un écho affaibli de la voix du poète et des chants immortels que vous lui avez inspirés ! Je m'arrête, car le souffle me manque : ma lyre se lasse ; elle ne fait plus entendre que

des sons entrecoupés, comme les soupirs qui s'échappent
d'un sein oppressé. Que la belle Uranie raconte à ses favoris les mystères qu'elle dévoila à Vasco de Gama : sphè-
res, immensité des mondes, secrets de la création tout
entière ; pour moi, infime poète, qui suis respectueusement
de loin les traces du chantre divin, je n'oserais m'élever
jusqu'à ces hauteurs.

26 — « De l'île enchantée, l'invincible Gama cingle vers
sa patrie, vers son Tage bien-aimé : le Tage reçoit désormais l'hommage et le tribut de l'Indus et du Gange ! »

27 — Le jeune roi ne sait comment exprimer au poète
l'enthousiasme que lui ont inspiré ses chants sublimes et
le ravissement dans lequel il est plongé. Il loue le choix du
sujet, l'art ingénieux qui, dans un cadre unique plein de
grandeur et de majesté, a fait entrer tous les faits mémorables de l'histoire du Portugal et les exploits de héros
dignes d'une impérissable renommée. Il vante le style,
noble et clair, pompeux ou simple, suivant les exigences du
récit, et ce feu sacré du patriotisme, de la gloire, de l'héroïsme qui brille à chaque vers. « J'ai pris, dit-il, un grand
plaisir à vous entendre, jamais vers n'ont eu à ce point le
pouvoir d'inspirer le sublime enthousiasme, le désir pas-
sionné des grandes actions. Je sens mon cœur battre avec
plus de force dans ma poitrine. Certes, il aura l'âme étroite
et mesquine, le Portugais que ne pourront émouvoir de
tels chants ! Revenez me voir ; je vous récompenserai comme
il convient. »

28 — Mais jamais, hélas! il ne manque près du trône
d'êtres vils, de cœurs rebelles à la gloire; le vice et l'igno-

rance ne peuvent souffrir qu'on rende justice à la vertu et au mérite, ni qu'on les mette en lumière. Avant qu'il soit longtemps, épuisé, rongé par la faim, seul, abandonné de ses amis, de son roi, de sa patrie ingrate, le chantre des *Lusiades* agonisera sur un lit d'hôpital !

D'ALMEIDA-GARRETT : *Camoens*, ch. VII et VIII.

Traduit du portugais par H. FAURE (1)

(1) La traduction de ce beau poème, précédée d'une introduction et suivie de notes historiques, géographiques et littéraires, a été publiée, par la maison Quantin, en 1880, au moment où le Portugal a célébré, par des fêtes magnifiques, le quatrième centenaire de Camoens.

LA MUSE A CAMOENS[1]

Fouille dans le passé de cette illustre race ;
Chante des Portugais la valeur et l'audace ;
Dieu guidant sur les flots les Diaz, les Gama,
Et la croix surmontant les temples de Brahma ;
Elève un monument digne de notre histoire ;
Des enfants de Lusus éternise la gloire ;
Souffle dans de beaux vers l'amour de la vertu ;
Dis qu'on n'est point vainqueur sans avoir combattu !
Qu'au récit des exploits de nos aïeux, la honte
Au visage flétri de nos faux héros monte !
Et si, pour ce labeur, tu ne dois recevoir
Que dégoûts et mépris, il te reste l'espoir
Qu'un âge, en l'avenir, plus juste que cet âge,
Saura rendre à ton œuvre un éclatant hommage.....

Traduit par H. F.

[1] CAMOENS : *Poésies diverses.*

III

LA DECOUVERTE DE L'INDE

RACONTÉE PAR UN MATELOT PORTUGAIS (1)

I

C'ÉTAIT en 1515, Alphonse d'Albuquerque venait de mourir, et l'Inde portugaise semblait mortellement frappée par cette grande perte. Devant son cercueil se taisaient la médisance et les inimitiés ; comme il arrive toujours, en pareil cas, à peine ce héros eut-il fermé les yeux, que tout le monde reconnut hautement son mérite, ses services éclatants et le vide immense qu'il laissait derrière lui. A Goa, ville depuis si peu de temps portugaise, la douleur publique était sans bornes ; on eût dit qu'un voile de deuil enveloppait la cité tout entière.

Par une belle nuit, qu'éclairaient les rayons brillants de la

(1) Rédigé, d'après des documents authentiques, par M. Pinheiro Chagas. Poète, historien, auteur dramatique, publiciste, homme d'Etat, ancien ministre, secrétaire perpétuel de l'Académie royale des sciences de Lisbonne, etc., M. Emmanuel Pinheiro Chagas, par son caractère et ses nombreux ouvrages, est l'un des hommes qui ont le plus honoré le Portugal contemporain.

lune, on eût pu voir, dans les eaux de Goa, se dirigeant vers
la ville, un petit navire, élégant et léger, dont les flancs se
couvraient d'écume, en fendant les flots tranquilles de la
mer des Indes. Debout sur la poupe, enveloppé dans un
manteau qui le garantissait de la fraîcheur de la nuit, un
jeune homme de bonne mine, tenait ses yeux pensifs attachés
sur le sillage lumineux du navire. Près de lui, le pilote, un
vieux loup de mer au visage ridé et bronzé par le soleil de
l'Inde, restait plongé, lui aussi, dans une silencieuse méditation.

Lorsque apparut au loin la cité, toute blanche sous les
rayons de la lune, avec sa physionomie de ville encore tout
à fait indienne, le vieux marin ne put retenir un profond
soupir. Levant sur lui un regard plein de tristesse, son compagnon lui dit :

« Je crois savoir à quoi tu penses, Bastien Fernandez !

— Oh ! monsieur Gaspard Correia, je pense à tant de
choses, murmura le vieux pilote.

— Tu as eu, j'en suis sûr, la même pensée que moi : en
voyant là-bas cette cité, qui est aujourd'hui notre Lisbonne
indienne, tu as songé à l'homme qui l'a conquise, que nous
venons de laisser à bord de la *Fleur-des-Mers*, et qui, aujourd'hui, ne rentre pas vivant dans sa magnifique conquête ?...

— Non, monsieur Gaspard, je dois vous l'avouer, ce n'est
pas à cela que je pense. Je sais bien qu'Alphonse d'Albuquerque désirait revoir sa ville de prédilection ; mais Dieu
qui l'a, comme on dit, appelé à lui, pour commander les lé-
gions célestes, l'a bien consolé en faisant tomber en son pouvoir Malacca et Ormuz ; c'est donc peu de chose, en comparaison, qu'il ne lui ait pas permis de revenir vivant dans
cette ville qu'il avait deux fois conquise.

— Et à quoi donc pensais-tu, Bastien ?

— Je me rappelais la première nuit, une nuit étoilée comme celle-ci, que j'ai passée dans l'Inde ; je songeais à la surprise joyeuse que nous causa la vue, dans le lointain, des pagodes de Calicut ; nous avions conscience des grandes choses que nous venions d'accomplir pour notre patrie, pour notre roi et pour notre Dieu, et nous en éprouvions une noble satisfaction. Ah ! c'était le bon temps alors !

— Eh quoi ! Bastien, tu aurais accompagné Vasco de Gama dans son premier voyage ? s'écria Gaspard Correia, dont la joie fit battre le cœur.

— Oui, monsieur Gaspard, j'ai accompagné *dom* Vasco, car c'était là le titre de notre grand capitaine.

— Je le sais, Bastien ; et ce vaillant méritait mieux que...

— Que d'être laissé dans l'oubli à Lisbonne ou à Sines, sa ville natale, sans qu'on fît de lui le gouverneur à vie de ce pays qu'il avait découvert ? Ah ! vous pouvez bien le dire, monsieur Gaspard. Il ne faut pourtant pas trop se plaindre, car ceux qu'on a nommés, François d'Almeida (Dieu ait son âme) et Alphonse d'Albuquerque, qui est là-bas endormi pour toujours, ont été des hommes de grand mérite, illustres par leur héroïsme et leur vaste génie. Si seulement ils avaient de dignes successeurs !...

— Lopo Soarès, qui vient ici, ne manque ni d'intelligence, ni de valeur.

— Je ne dis pas le contraire ; mais il pense trop aux épices, et c'est ce qui causera notre perte.

— Laissons cela, Bastien, dit Correia en souriant. Les médisants sont si nombreux ! Il l'a su à ses dépens, ce brave Alphonse d'Albuquerque ! Que Dieu l'ait en sa gloire !... Mais, si tu veux me faire un grand plaisir, Bastien, conte-moi ce qui s'est passé pendant ce mémorable voyage d'alors.

Je dois écrire l'histoire de tout ce que nous faisons et de tout ce que nous avons fait ici, et je ne serais pas fâché de dégager la vérité des inventions et des mensonges qui commencent à l'obscurcir.

— Comment un pauvre matelot tel que moi pourrait-il vous être en cela de quelque utilité ? J'ai si peu d'esprit et encore moins de savoir ! D'autres pourront mieux vous éclairer ; ils ont consigné leurs souvenirs par écrit. Alvaro Velho, qui savait tenir la plume, a déjà conté tout au long cette histoire, ainsi que le curé Jean Figueira, un savant, en dépit de sa mauvaise conduite, car ce n'est pas certainement à cause de sa science qu'il a été banni.

— Jean Figueira a donc écrit là-dessus ? dit le futur auteur des *Légendes de l'Inde,* comme le lecteur l'a assurément deviné.

— On me l'a dit.

— Il faudra que je lise son ouvrage. Mais rien ne vaudra pour moi, mon cher Bastien, le plaisir de t'entendre. Ceux qui font des livres sur de pareils sujets n'ont d'ordinaire d'autre préoccupation que d'enjoliver leur récit, ou d'énumérer purement et simplement les choses importantes dont ils furent témoins ; si bien que les uns nous donnent un charmant bavardage, qui ne nous apprend rien ; les autres un récit peu intéressant, car ils laissent dans l'écritoire mille détails précieux. Or, racontés par ceux qui les ont vus, ces détails se pressent en foule sur les lèvres du narrateur et ils nous font, pour ainsi dire, vivre au milieu des événements. Si, après t'avoir écouté, je prends la plume, nos arrière-neveux auront certainement plus de plaisir à lire mon livre que les doctes chroniques dans lesquelles des gens très savants et très forts en latin racontent pompeusement ou sèchement les hauts faits de nos concitoyens, comme s'il s'agissait de ceux des Grecs et des Romains. Allons, Bastien, ne te fais pas prier ; conte-moi ce que tu as vu. La nuit est belle et sereine, une nuit faite exprès pour parler de ces temps glorieux, et le vent est si faible qu'il nous faudra encore deux bonnes heures pour arriver à Goa. D'ailleurs, si tu n'as pas fini, tu me diras le reste à terre.

— Puisque vous voulez qu'un pauvre matelot vous entretienne de choses dont devraient seuls parler les gens lettrés, je suis prêt à vous raconter ce que j'ai vu. Au reste, je ne serai pas fâché moi-même de rappeler ces souvenirs. »

Bastien commence alors son récit. Gaspard Correia l'écoute avec une vive attention, et il se gardera bien de l'oublier.

II

J'étais bien jeune, monsieur Correia, lorsque je m'embarquai sur la caravelle de Jean l'Infant, et que je partis pour l'Orient, comme tous les autres, en quête d'aventures. C'était la première fois que je naviguais ; mais ce voyage en valait la peine ; pour mon début, je ne pouvais rien demander de mieux. Quand je songe combien dans mon enfance, à Péderneira, les vagues me paraissaient énormes ! Ah ! ce fut bien autre chose dans le voisinage du cap de Bonne-Espérance. Ce cap, qu'il nous fallait doubler, nous l'avions dépassé sans nous en apercevoir. Le temps était mauvais ; voyant nos caravelles faire des bonds effroyables au sommet de véritables montagnes liquides et, en dépit de ce danger, notre capitaine résolu à aller en avant, nous finîmes par trouver que les choses tournaient mal. Nous entendant dire que, parvenus aux portes de l'enfer, ce serait tenter Dieu

que de nous opiniâtrer, le capitaine nous apostropha dure-
ment.

« Triples brutes, s'écria-t-il, vous voulez donc ressembler
à vos pères, pour qui, au delà du cap Bojador, la mer devait
être de poix et le ciel noir comme de l'encre ? »

Oh ! le cap Bojador, disions-nous, car moi aussi, songeant
que j'avais laissé ma vieille mère à Péderneira, où elle passait ses jours et ses nuits à prier Notre-Dame-de-Nazareth,
j'étais au nombre des mécontents, le cap Bojador, c'est une
vieille histoire ! Sans doute on s'est trompé, quand on a cru
que l'enfer commençait là ; mais de ce qu'il n'était pas au
cap Bojador, s'ensuit-il qu'il ne soit pas plus loin ?

Frappés d'épouvante, nous poussions des cris de terreur ;
nous soutenions qu'il n'y avait pas le moindre cap dans
le voisinage, que le continent ne remontait pas au nord et
que le seul chemin de l'enfer s'ouvrait devant nous ; avant
peu, si nous poursuivions notre route, nous nous trouve-
rions sûrement face à face avec Satan en personne !

Le capitaine eut beau se gendarmer, tempêter, jurer qu'il
nous exterminerait tous, il lui fut impossible de vaincre
notre résistance. Nous ne voulions pas aller plus loin, dût-
on nous couper en morceaux. D'ailleurs nos caravelles n'é-
taient pas faites pour affronter ces mers terribles ; elles bon-
dissaient au sommet des vagues comme de légers bouchons
de liège. Il se vit donc contraint de faire virer de bord.

C'est en revenant en Portugal que nous vîmes le cap, ce
cap que nous avions tant cherché. Ah ! monsieur Gaspard,
quand nous aperçûmes cette énorme montagne qui s'avan-
çait dans la mer, tandis que sa tête se perdait dans la nue, ce
géant de pierre autour duquel on entendait continuellemen
mugir les éléments déchaînés, nous crûmes, à n'en pas
douter, que là était bien réellement la porte de l'enfer. Eux

aussi, le capitaine et Barthélemy Diaz, notre amiral, qui
devait venir un jour mourir en cet endroit, malgré la joie
que leur causait la découverte de ce cap si désiré, ne purent
s'empêcher de dire avec tristesse : « C'est le cap des Tempêtes ! » Mais le roi Jean II, lorsqu'on lui conta cet épisode
de notre voyage, s'écria joyeusement : « Non, non, je ne
veux pas qu'on l'appelle cap des Tempêtes ; c'est un nom
de mauvais augure. Nommons-le cap de Bonne-Espérance,
car nous avons maintenant bonne espérance de parvenir au
but que nous voulons atteindre. »

Et il avait bien raison, ce grand roi. Je crois voir encore,
comme il parlait ainsi, apparaître sur ses lèvres un sourire
rayonnant, qui nous remplit tous d'enthousiasme. Ce qui ne
l'empêcha pas de poursuivre d'un ton sévère :

« Qu'ai-je appris, matelots ? Vous avez donc oublié là-bas,
sur cette mer du cap, que vous êtes des Portugais ? Ah ! si
votre capitaine avait pendu une demi-douzaine de mutins,
ils auraient du moins servi d'épouvantail aux autres, puisqu'ils n'étaient bons qu'à cela ! »

C'était nous traiter avec une dureté que nous ne méri-
tions pas, vu que nous avions fait tout ce que nous avions
pu. Aussi Jean l'Infant prit-il notre défense :

« Toute la faute, dit-il, retombe sur nos navires ; cette
mer ne peut pas être affrontée par de simples caravelles.

— C'est une question à examiner, répondit le roi. Mais
que ces hommes restent bien persuadés de ceci : si je ne
puis pas compter sur les marins du Portugal, je prierai les
Rois Catholiques de mettre à ma disposition ceux d'Espagne, qui ont suivi Christophe Colomb. »

Par ma foi, le morceau était un peu dur à avaler ! Les
marins d'Espagne vaudraient donc mieux que nous ? Pour
ma part, je fis alors serment que, si je m'embarquais de nou-

veau, ou je laisserais mes os en chemin, ou je ne reviendrais qu'après avoir découvert plus de terres que n'avait fait ce mendiant d'Italien.

Mais bientôt le bon sourire reparut sur les lèvres du roi, et il nous dit :

«Allez, mes enfants, allez! Je compte sur vous à l'avenir. »

Sans tarder, on se mit à construire une nouvelle flotte. Lorsque je me rendis à Péderneira, pour voir ma vieille mère, je constatai que partout, dans toutes les forêts voisines, surtout celle de Leiria, retentissait le bruit des cognées, jetant par terre les plus beaux arbres.

Sur ces entrefaites, ce grand roi, cet homme qui semblait de fer, et qui était jeune encore, Jean II mourut subitement ; et pas un fils pour lui succéder ! Le pauvre dom Alphonse n'était plus, et il est à présumer que cette perte douloureuse avait conduit le père au tombeau. Et dom Georges ? Hélas ! le père ne put pas même faire un prince de ce bâtard ! L'eût-il fait, à quoi cela nous aurait-il servi ?

A qui revint alors le trône ? Au duc de Béja, frère du duc de Viseu, à celui qui, naguère enfant timide, se cachait derrière les jupes de sa mère, et semblait craindre tout le monde.

« Bon ! disions-nous, nous autres, les marins de Jean l'Infant ; on voit trop comment les choses vont tourner : nouveau roi, nouvelle politique ! Jean II allait à droite ; Emmanuel ira à gauche. Vous verrez que le cap de Bonne Espérance redeviendra le cap des Tempêtes, et les bons navires qu'on est en train de construire à Ribeira, avec le bois de nos vieux sapins, deviendront des galiotes, sur lesquelles le roi s'en ira à Alcochete, où il est né ; et cela par esprit de contradiction, parce que Jean II allait à Azeitao. »

Mais les choses tournèrent autrement, comme vous le savez. A notre grande surprise, nous vîmes dom Emmanuel

montrer pour les lointains voyages encore plus d'ardeur
que son cousin et son beau-frère Jean II. Jusque-là, on
avait travaillé aux navires comme dix ; on y travailla désormais comme vingt. Et moi, qui étais à Péderneina, près
de ma sainte vieille mère, occupé à raccommoder des bateaux de pêche, j'appris un beau jour, par le crieur public du
district, qu'il fallait me rendre à Lisbonne sans retard, parce
que tous les marins de Jean l'Infant devaient travailler à la
flotte, alors en chantier. Je me mis immédiatement en route
pour la capitale.

C'était merveille de voir quelle animation régnait à Ribeira, et quelle foule se pressait sur la route. On travaillait
ferme aux navires. En outre, il arrivait chaque jour des
chars remplis de provisions, des conserves, bien entendu ;
mais il y avait aussi des eaux de senteur destinées, d'après
Fernand Velloso, dont vous connaissez l'humeur facétieuse,
à neutraliser la puanteur des nègres, et des quantités de
marchandises : étoffes d'or, de soie, de laine, de toute espèce
et de couleurs variées, des joyaux d'or, des colliers, des
chaînes, des bracelets, des bijoux d'argent blanc ou doré,
des bassins et des aiguières, des épées et des poignards fort
riches et artistement travaillés, des lances, des boucliers, etc.
Toutes ces belles choses, faites pour séduire les yeux, devaient être distribuées en présents partout où l'on passerait.

« C'est un fameux homme que notre roi, disions-nous ;
et, dans les cieux, Jean II doit être bien content, si, comme
il est permis de le croire, il peut voir de là-haut ce qui se
passe à Ribeira, le grand chantier de sa bonne ville de Lisbonne ! »

On travaillait donc à force, à Ribeira ; mais personne ne
savait encore qui commanderait l'expédition projetée. Les
uns parlaient de Barthélemy Diaz, les autres de Tristan

d'Acunha, d'autres de François d'Almeida, qui n'était pas
un inconnu, car il avait pris part à la guerre de Grenade, et,
disait-on, était même allé jusqu'en France, avec Alphonse V.

Un beau jour, cette nouvelle se répand tout à coup à Ribeira : celui qui commandera l'expédition, c'est Vasco de
Gama !

III

Comment se fait-il que le roi Emmanuel songeât à Vasco
de Gama, qui, jusque-là, s'était si peu occupé des choses de
la mer ? Les uns donnaient pour raison qu'il était de Sines,
le pays des bons marins ; d'autres, qu'il était le fils d'Etienne
de Gama, l'ancien intendant d'Alphonse V, et c'était beaucoup aux yeux d'Emmanuel, plus désireux d'honorer les
serviteurs de son oncle que ceux qui avaient été distingués
par son cousin ; d'autres, enfin, que la sœur du roi, la reine
douairière Éléonore, avait chaudement plaidé sa cause.
Mais moi, monsieur Gaspard, je vais vous dire ce que me
conta, à ce sujet, un matelot de mes amis, dont j'aurai à vous
parler dans la suite de ce récit : c'était un frère de lait de
Nicolas Coelho, et vous savez que Nicolas Coelho et Vasco
de Gama étaient unis comme deux doigts de la même main.

Or, donc, le roi Emmanuel se demandait depuis longtemps à qui il confierait le commandement suprême de l'entreprise.

Un jour, il travaillait à une table placée dans l'embrasure
de la fenêtre, en face du Tage, d'où il pouvait voir le mouvement du port, les allées et venues des gens de Ribeira et
aussi les bâtiments neufs qui se balançaient sur le fleuve
aussi bleu que le ciel, aussi poli qu'un miroir. La plume à la

bouche, son nom à moitié écrit au bas d'une lettre de service, il regardait au loin, se demandant toujours quel serait le commandant en chef d'une si importante expédition. Ses officiers n'osaient pas interrompre sa méditation, ni prendre devant lui la pièce qui n'était qu'à demi signée.

Soudain, sans motif apparent, le roi qui, depuis longtemps, n'avait pas détaché ses regards du Tage, les tourna vers l'appartement, car, à ce qu'il dit plus tard, il venait de sentir son cœur tressaillir. A ce moment même, un gentilhomme de sa maison entrait sans bruit, et il traversait la salle sur la pointe du pied, pour ne pas déranger le prince. C'était Vasco de Gama.

En l'apercevant, le roi se dit : « C'est Dieu qui le veut ! »

Dans ce même appartement une table était disposée pour le dîner du roi. Indiquant du geste à ses officiers qu'il interrompait son travail, Emmanuel, tout en se dirigeant vers cette table, ordonna à Vasco de Gama d'approcher. Au comble de la surprise, celui-ci obéit, et il vint baiser la main du roi, qui lui dit d'une voix grave :

« Vasco, je désire vous charger d'une mission. J'ai besoin de vos services ; mais je vous préviens que vous aurez grandement à payer de votre personne. »

Vasco de Gama, qui était loin de se douter de ce dont il s'agissait, se hâta de répondre :

« Sire, si Votre Majesté veut bien m'employer à quelque chose, je suis d'avance payé de mes peines, et je m'y consacrerai tout entier, tant qu'il me restera un souffle de vie. »

Le roi se tut, mais il fit signe à Vasco de Gama de venir avec lui près de la table sur laquelle son repas était servi. Il s'assit, le visage tourné vers la fenêtre. En face de lui, bien loin, sur le fleuve se balançait le *Saint-Raphaël*. Il mangea en silence, regardant tantôt le navire, tantôt Vasco de Gama, à qui il finit par dire :

« Voyez-vous ce vaisseau là-bas ? C'est sur lui que vous irez, suivi de ceux qui sont achevés, voir si finalement vous pourrez trouver ces Indes que, depuis si longtemps, nous désirons atteindre, ainsi que ce prêtre Jean qui semble nous fuir. Disposez-vous à partir sans retard. »

Il paraît qu'il y eut un murmure de surprise parmi les assistants, parce que nul ne s'attendait à cette décision du roi. Quant à Vasco de Gama, il s'inclina, et se borna à répondre :

« Je suis prêt, sire, à m'embarquer sur-le-champ.

— Venez donc ! » dit le roi.

Et sans achever son repas, il l'emmena dans son cabinet, où ils s'enfermèrent.

Quand ils furent seuls :

«Avez-vous un frère, Vasco ? demanda le prince, avec beaucoup de bonne grâce.

— J'en ai trois, sire. L'un est encore un enfant ; un autre étudie pour devenir prêtre ; le troisième est notre aîné. Tous trois sont prêts à vous servir, quoi que vous désiriez d'eux.

— Bien ! vous prendrez avec vous l'aîné de vos frères ; il vous accompagnera en qualité de capitaine de l'un des navires. Choisissez pour vous-même celui de ces navires qui vous plaira le plus et arborez-y ma bannière, puisque vous serez le commandant en chef de la flotte. »

Voyant que Vasco de Gama, tout interdit, gardait le silence.

« Eh bien ? » lui dit-il.

Vasco lui baisa la main, et il répondit :

« Sire, pardonnez la liberté de mon langage ; il n'est pas juste que j'arbore la bannière de commandant en chef, puisque mon frère est mon aîné. Si vous le permettez, il vaut mieux qu'il ait cet honneur et que je serve sous ses ordres. C'est ce que la raison conseille et, je l'espère, Votre Majesté l'approuvera. »

Le roi sourit et dit :

« Je suis très satisfait de vous voir ainsi disposé à obéir à votre frère. Dieu vous tiendra compte de votre modestie. On ne peut attendre qu'un bon service de qui montre tant de vertu. Néanmoins, je ne saurais souscrire à vos désirs. C'est sur vous seul que mon cœur se repose ; c'est mon cœur qui m'a dit que vous, et nul autre, pouviez accomplir mes desseins. Ordonnez tout à votre gré ; mais qu'il soit bien entendu que vous seul êtes chargé par moi de tout ce qui concerne cette expédition. Votre frère commandera l'un des navires. Pour commander l'autre, je vous laisse libre de choisir l'homme qui vous conviendra le mieux.

— Sire, reprit Vasco de Gama, je suis vraiment honteux de présenter des objections, lorsque Votre Majesté me traite avec tant de bonté et me comble de ses grâces ; mais il est un aveu que je dois faire : ce frère aîné, dont je viens de parler à Votre Majesté, et qui s'appelle Paul de Gama, a dû se réfugier dans la montagne, pour avoir frappé le juge de Sétubal, et, sans le pardon de Votre Majesté, il ne saurait revenir. »

Le roi sourit de nouveau, et dit :

« Hum ! mon cœur ne me trompait pas en me conseillant de vous choisir et non un autre. Certes, en frappant mes magistrats, votre frère ne m'a pas fait un bon service ; mais, pour l'amour de vous, et en considération de ce que j'attends de vous deux, ma justice lui pardonne ; à condition, toutefois, qu'il obtienne aussi son pardon du juge et qu'il s'arrange avec lui. Faites-lui savoir qu'il vienne sans aucun retard. Pendant ce temps, assurez-vous que les navires sont bien approvisionnés ; choisissez vos équipages, et prenez toutes vos mesures pour que, Dieu aidant, vous puissiez découvrir l'Inde et fixer le chemin qui y mène. Je prie Notre-Seigneur d'approuver nos desseins ; ils ont pour but son divin service. Implorez donc son appui, et comptez que je saurai dignement récompenser vos œuvres. »

Comme bien vous le pensez, monsieur Gaspard, Paul de Gama ne resta pas dans la montagne ; il obtint facilement son pardon du juge de Sétubal, à qui il dut, cependant, compter quelques centaines de cruzades. Mais le roi lui en donna 2000, comme à son frère. S'ils reçurent tous les deux la même somme, ce fut assurément afin que Paul pût s'équiper convenablement, avant de s'embarquer.

Le second capitaine choisi par Vasco de Gama, Nicolas Coelho, reçut une gratification de 1,000 cruzades. Vasco fit en ces termes connaître au roi le choix qu'il avait fait de Coelho :

« Sire, l'homme que je propose à Votre Majesté, et qu'unit à moi une amitié fraternelle, nous suivra jusqu'à la mort, si Votre Majesté consent à lui confier le commandement du troisième navire. »

Le roi répondit simplement :

« Je suis satisfait, puisque vous l'êtes. »

Voilà, d'après ce que m'a conté le frère de lait du fils de Nicolas Coelho, comment furent donnés le commandement des navires et celui de la flotte.

IV

Ah ! comme nous comprîmes vite quel homme c'était que Vasco de Gama ! On ne s'endormait pas, c'est certain, avant son arrivée à Ribeira ; mais dès qu'il parut, tout s'acheva comme par enchantement. Il est vrai que tout ce qu'il ordonnait était d'un homme prudent et avisé. C'est ainsi qu'il nous réunit et nous dit :

« Mes amis, nous ne savons pas au juste où nous allons, et ce qui nous attend. Là-bas, sur ces mers et sur les terres des nègres, il n'y a ni boutiques, ni ateliers ; chacun doit veiller sur soi, et Dieu sur tous. C'est pourquoi il vous faut tous, avant de partir, apprendre un état ; l'un, celui de charpentier ; l'autre, celui de calfat, de cordonnier, de tourneur, de forgeron, etc. Pendant que durera cet apprentissage, chacun gagnera 2 cruzades en sus de sa solde. »

Or, remarquez-le, monsieur Gaspard, comme matelots, nous avions déjà 5 cruzades par mois ; 2 de plus, cela faisait 7. Nous étions riches comme des rois ; aussi les marchands d'Alfama ne se faisaient-ils pas faute de venir rôder autour de nous. Mais pas moyen de faire la fête ; tout marin du *Saint-Michel,* du *Saint-Raphaël* et du *Saint-Gabriel,* qui aurait été surpris tirant une bordée, se serait exposé à être congédié. C'est que Vasco de Gama ne plaisantait pas, et être congédiés, c'était ce que nous redoutions le plus.

Pour moi, je ne songeais pas à m'amuser ; je travaillais comme un nègre, parce que ma vieille mère, la sainte femme, était venue à pied de Péderneira, aussitôt qu'elle avait appris notre prochain départ, et j'avais à cœur de lui laisser de quoi ne point pâtir pendant mon absence.

Vasco de Gama, ou mieux dom Vasco, ce brave à trois poils, n'avait pas, comme on dit, de durillons sur le cœur. En voulez-vous la preuve, monsieur Gaspard ? Écoutez ce qui m'arriva avec lui :

C'était huit jours avant le départ. On faisait la distribution de l'argent que le roi faisait donner à chacun des matelots, en sus de la solde et de la gratification accordée à ceux qui avaient appris un métier. Les hommes mariés recevaient 100 cruzades, et les célibataires 40.

Vasco de Gama assistait à la distribution. Quand vint mon tour, l'officier comptable me demanda :

« Qu'es-tu, toi, célibataire ou marié ? »

Je répondis : « Célibataire » ; mais, en prononçant ce mot, je ne pus retenir un gros soupir.

« Il paraît, mon garçon, dit en riant Vasco de Gama, que le célibat te pèse un peu ?

— Oh non! mon amiral, répondis-je, en roulant mon bonnet entre mes doigts ; je n'ai pas du tout envie de me marier.

— S'il en est ainsi, pourquoi soupirer de la sorte ?

— Pourquoi, mon amiral ?

— Oui, parle mon ami, et dis-moi la vérité.

— La vérité, la voici: je suis, il est vrai, célibataire, mais j'ai une vieille mère, qui est bien pauvre, et je suis le seul fils qui lui reste. Des deux autres, l'un est mort à Arzilla ; le second a été pris par ces damnés corsaires, lorsqu'ils ont donné l'assaut à Péderneira, et on ne sait pas ce qu'il est devenu. La pauvre vieille, dès qu'elle a appris mon prochain départ, est venue à pied jusqu'ici, et je vais la laisser seule et abandonnée, Dieu sait pour combien de temps ! Si je viens à mourir, je compte, pour elle, sur la bonté du roi ; mais c'est égal, si je n'étais pas célibataire, 60 cruzades de plus lui assureraient un peu de pain. »

Vasco de Gama réfléchit quelques instants en silence, puis il me demanda :

« Quel métier as-tu appris ?

— Celui de calfat.

— Comment t'appelles-tu ?

— Bastien Fernandès.

— Bien ! Je te connais ; le contre-maître m'a assuré que tu as travaillé avec courage, et que tu as plus appris en six mois que d'autres en un an. Comptable, donnez à cet homme 100 cruzades au lieu de 40. C'est moi qui paierai les 60 de supplément. N'est-il pas marié avec sa vieille mère ? »

Je voulus parler, mais ma voix s'étrangla dans ma gorge, et tout ce que je pus faire, ce fut de lui baiser la main.

« Veux-tu bien t'en aller ! me dit-il, avec une affectueuse brusquerie ; est-ce que nous avons du temps de reste pour les baisemains ? »

Comme j'arrivais près de la porte, il ajouta du même ton de rudesse amicale :

« Holà, Bastien ! dis à ta mère de t'attendre, car tu lui reviendras encore meilleur et bien portant. Mais puisqu'elle habite Péderneira, qui n'est pas loin de Notre-Dame de Nazareth, recommande-lui de dire chaque jour trois *Ave Maria*, un pour toi, un pour l'amiral et le troisième pour tous les Portugais qui s'en vont sur les mers, afin de procurer honneur et gloire à leur Dieu et à leur roi. Allons ! pars, maintenant ! »

Si elle pria, la pauvre vieille, faut-il le demander ? Tous les jours elle allait de Péderneira à la grotte sainte, ce qui est un assez joli bout de chemin ; et là, elle passait des heures entières à implorer Notre-Dame de Nazareth. Ah ! Notre-Dame, ce n'est pas douteux, entendit ses prières, et bien des fois elle veilla manifestement sur nous, au milieu de ces mers effroyables qu'il nous fallut affronter.

Enfin arriva le jour de Notre-Dame de mars, et notre petite flotte mit à la voile, pour aller franchir la barre, vers l'embouchure du Tage.

Je n'ai pas besoin de vous raconter longuement, monsieur Gaspard, parce que tout le monde le sait, la fête qui eut lieu

4

à cette occasion, la messe que nous entendîmes dans la chapelle de Restello, en face du Tage, aux eaux bleues et transparentes, la procession à laquelle les équipages assistèrent, avec le roi, toute la noblesse et le peuple par derrière. On pleurait, on s'étreignait, on ne voulait pas nous laisser partir sans nous donner quelque chose, ne fût-ce qu'une embrassade, et chacun de s'écrier :

« Dieu vous garde, les enfants ! Dieu vous accompagne ! Que notre sainte mère, la Vierge Marie, veille sur vous ! Que les anges vous protègent ! »

Et nous de répondre :

« Que diable ! Ne croirait-on pas que nous marchons au supplice ? Est-ce que nous n'allons pas où beaucoup d'autres sont allés ? Est-ce que les marins portugais ne savent pas ce que c'est que l'eau de la mer ? Ils ont pourtant assez sillonné les flots de l'Océan ! »

Quand nous arrivons sur le rivage, et que nous nous disposons à nous élancer dans les bateaux qui doivent nous mener aux navires, c'est alors qu'il aurait fallu les voir ! On aurait cru que ma vieille mère voulait s'embarquer aussi ; elle s'accrochait à moi, pleurant et se lamentant, si bien que je lui dis :

« Allons, ma bonne mère, cela ne se fait pas ! La mère d'un matelot ne doit pas couvrir son fils de confusion et le faire pleurer comme un enfant à la mamelle ! »

Alors la pauvre vieille se détache de moi, et dit :

« Va donc, va ! Et lorsque, à Péderneira, les flots viendront battre les rochers au-dessous de notre chaumière, je leur dirai : « O flots de la mer, ne me prenez pas mon enfant ! »

Et pendant que le bateau gagnait le navire, je la voyais toujours immobile sur le rivage, les bras étendus vers moi.

Puis, lorsque les navires se dirigèrent vers la barre, il me sembla voir encore au loin une ombre tremblante, courant le long du rivage comme si elle voulait accompagner la flotte tant qu'on pourrait la voir.

Le roi était venu avec sa galiote près des navires ; il s'entretint longuement avec le commandant en chef et avec les autres capitaines. Enfin, ils se séparèrent ; les rameurs maintinrent la galiote immobile, et l'amiral se tint debout à la poupe du *Saint-Raphaël* jusqu'à ce que la personne auguste du roi disparût dans l'éloignement.

C'en était fait ! Nous étions partis. Lisbonne semblait fuir loin de nous ; puis ce fut le tour des collines, puis tout s'effaça dans la brume.

Au moment de franchir la barre, l'équipage entier, sauf les hommes de service, se réunit sur la poupe pour saluer d'un dernier regard ces terres que peut-être on ne reverrait plus. Le soleil était sur son déclin, et les monts de Cintra et ceux d'Arrabida semblaient s'avancer dans les flots, comme si notre mère, la patrie portugaise, étendait ses deux bras vers ses chers enfants.

Un profond silence régnait autour de nous. Venait-il à passer une barque de pêcheurs se dirigeant vers Lisbonne, tous ceux qui la montaient nous suivaient des yeux avec autant de sympathie que si nous avions été déjà à plusieurs lieues de la terre natale.

Enfin, les caps de Roca et d'Espichel disparaissent à leur tour. La nuit est venue. Autour de nous, de tous côtés, la mer. Alors je me mis à songer à ce que, à quelques mois de là, par une nuit sans lune, ces flots indifférents pourraient aller dire à une pauvre vieille, pleurant sur les falaises de Péderneira !

V

Le matelot en était là de son récit lorsque le bateau aborda au quai de Goa ; mais cette histoire avait beaucoup intéressé Gaspard Correia, et il pria Bastien de venir lui conter le reste chez lui. Nous le retrouvons donc, le lendemain soir, assis sur sa terrasse, écoutant parler le marin, pour qui il avait fait apporter un flacon de bon vin de Portugal. Bastien reprit sa narration au point où il l'avait laissée :

Il faut vous dire, monsieur Gaspard, que Vasco de Gama, après avoir consulté avec soin tous les marins qui étaient allés au cap de Bonne-Espérance, avait résolu de s'écarter le plus possible des côtes, non seulement pour éviter les calmes plats de la Guinée, mais aussi pour aller droit au cap ; car comme ce cap s'avance fort loin dans les flots, il nous serait plus facile de le doubler en venant de la haute mer, poussés par le vent qui règne presque constamment dans ces parages, qu'en rasant la terre et, par suite, en voguant vent debout.

Nous étions tous dans les meilleures dispositions du monde. Le cap Vert une fois franchi, nous nous trouvâmes en pleine mer. Mais cela nous touchait peu, car nous connaissions tous cette route ; les vivres abondaient ainsi que l'eau, et le temps était superbe. Nous étions donc pleins de confiance en l'avenir.

Le service à bord se faisait avec une ponctualité exemplaire. Sur ce point, Vasco de Gama n'entendait point raillerie ; mais pour tout le reste il se montrait facile et de charmante humeur. Parfois, les navires se rapprochaient assez pour qu'on pût faire la conversation d'un bord à l'autre ;

c'étaient alors des rires et des propos folâtres, dont les poissons, pour sûr, devaient s'émerveiller.

Lorsque nous nous trouvions séparés, on faisait comme on pouvait pour passer le temps. Le soir, au banc de quart, on évoquait les souvenirs de la patrie et de la famille ; on racontait des histoires, chacun disait ce qui lui était arrivé de piquant à Lisbonne. Vasco de Gama apparaissait souvent à l'improviste. Alors on se taisait. Mais lui, voyant le timonier à son poste et tous les matelots prêts à la manœuvre, il était le premier à nous encourager à rire et à plaisanter, attendu, disait-il, que la mélancolie n'est pas bonne conseillère pour de pareilles entreprises.

Un jour qu'il parlait ainsi, Fernand Velloso, qui ne pouvait se défendre de plaisanter à tout propos, lui répondit :

« Vous avez raison, amiral ; cependant il faut faire exception pour moi, qui dois être triste à cause de mes créanciers.

— Ils vous persécutent donc bien, Velloso ?

— Oh non ! amiral ; mais comme on ne songe pas à demander de l'argent à ceux qui sont dans l'affliction, je m'étudie à paraître affligé ; c'est comme si je disais à ceux qui m'ont prêté : faites-en votre deuil, vous ne toucherez pas un maravédis ! »

Quand on put croire que nous étions parvenus à la hauteur du cap, on se dirigea vers la terre. Bientôt nous découvrimes la côte ; mais ce fut une déception : cette côte nous était connue, et elle allait vers le sud. Il fallut revenir en pleine mer et naviguer à la bouline du mieux que l'on put.

La mer commençait à devenir mauvaise, et les navires dansaient, que c'était un plaisir. On avança de la sorte pendant plusieurs jours. Les quarts n'étaient plus aussi animés ; le silence régnait souvent à bord, c'est à peine si, de temps en temps, on desserrait les dents pour se dire : « Ce gueux de cap, le doublera-t-on, ou ne le doublera-t-on pas ? »

De nouveau on longea la côte. Nous étions tous attentifs, guettant avec anxiété si elle ne changerait pas de direction. Mais c'était toujours la même chanson ; nous ne connaissions pas, il est vrai, cette terre, car nos caravelles n'étaient pas encore venues par là, mais elle se prolongeait dans le même sens que l'autre, celle qui nous était connue, si bien que nous semblions nous heurter contre le mur qui ne nous livrait point passage.

Nous revînmes encore vers la haute mer, allant toujours, à la bouline, et luttant contre le vent, qui était très dur. Les matelots disaient entre eux :

« Vous verrez que toute notre vie se passera à jouer à cache-cache avec la côte ! »

Le mal était que la mer jouait un autre jeu avec nous ; nous sautions sur son dos comme le volant sur les raquettes. Les besaces sur le dos des mulets qui trottent ne sont pas plus secouées que nous ne l'étions sur ces vagues furieuses.

Ah ! monsieur Gaspard, quel maudit temps nous avions, et que la mer était méchante ! La nuit, surtout, c'était un véritable enfer. Les flots mugissaient continuellement ; on se serait cru au milieu d'une tempête terrible et sans fin. Les hommes de quart n'avaient pas un moment de répit ; il leur fallait sans trêve ni cesse étancher le navire, de sorte qu'ils étaient à la fois trempés d'eau salée et baignés de sueur. Le froid nous faisait grelotter. Même pendant notre sommeil, nous avions dans l'oreille les formidables mugissements de la mer ; aussi ce sommeil n'était-il point réparateur.

Ce qui me faisait un peu de bien, à moi, c'était, en dormant, de rêver à Péderneira. Le bruit formidable des flots me semblait la voix amie des vagues de notre pays ; je me figurais que j'étais dans notre chaumière, avec ma bonne mère, soupant en sa compagnie, raccommodant les filets ; ou bien encore, les cheveux au vent, sur la plage, contemplant au loin la colline de Nazareth et l'emplacement de la grotte où se trouve la Vierge miraculeuse. Tout à coup, réveillé en sursaut et voyant les murailles du navire, je comprenais que j'étais, non pas à Péderneira, mais au milieu de la mer, une mer inconnue, et je me disais : « Ah ! si j'en crois mon rêve, la bonne vieille prie en ce moment pour moi ; courage donc ! Notre-Dame de Nazareth ne peut manquer de me protéger ! »

Où étaient maintenant les bonnes histoires du quart matinal et les délassements de la veillée ? Tout le monde se taisait, tout le monde était triste. Fernand Velloso lâchait-il quelque grosse plaisanterie, personne ne riait. Seul, Vasco de Gama avait le talent de nous dérider. Le visage toujours riant, il nous disait :

« Allons, les enfants, haut le cœur ! Ne faites pas attention à ces petites misères-là ! »

Ce qu'il en pensait, quand il se trouvait seul dans sa cabine, je l'ignore ; mais, devant nous, il avait toujours le front serein. Il semblait aussi sûr de bien connaître le chemin de l'Inde que moi celui de Péderneira à Péniche.

Tel était, depuis un mois, notre genre de vie à bord, telle était notre perplexité, lorsque la terre apparut de nouveau à nos yeux. A cette vue, chacun pensa que la fin de nos peines était arrivée. Mais notre joie fut de courte durée, et quand nous vîmes que la côte se prolongeait toujours dans le même sens, et que les pilotes, en faisant des sondages, secouaient la tête d'une manière significative, nous fûmes pris d'un découragement si grand que plusieurs d'entre nous ne purent retenir leurs larmes : « Il fallait, disaient-ils, revenir en Portugal ; aller plus loin, ce serait tenter Dieu ! »

Vasco de Gama, qui les entendit, les tança d'importance.

« Si quelqu'un de vous, matelots, s'écria-t-il d'une voix qui fit trembler les mutins, veut retourner à Lisbonne, libre à lui ; mais c'est à la nage qu'il y retournera ! Quelle espèce de gens m'a-t-on donnée ? Des enfants en nourrice, qui ne savent que pleurer, parce qu'ils ont peur ! Sachez-le bien, le premier qui ouvre la bouche pour se plaindre, je l'envoie aux fers, à fond de cale ! »

Et il l'aurait fait comme il le disait ; aussi tout le monde devint-il muet du coup.

On descendit à terre un moment, pour se dégourdir les jambes et inspecter un peu le pays ; du sable, rien que du sable, un vrai désert, sans le moindre être vivant ! Aussi, quand nous fûmes rentrés à bord et que je vis les pilotes et les capitaines se réunir dans la cabine de Vasco de Gama, me fut-il impossible de ne pas écouter à la porte.

« Amiral, disait l'un des interlocuteurs, cette région est inconnue, et le cap ne se montre point. Peut-être l'avons-nous déjà dépassé. Cependant si la côte a semblé un moment tourner au nord, voilà qu'elle revient au sud ; on croirait qu'elle veut se prolonger dans cette direction jusqu'au bout du monde, fermant la mer comme une muraille infranchissable.

— Mon ami, répliqua Vasco de Gama avec amertume, quel pauvre pilote vous êtes ! Il n'y a devant nous ni murs ni barrières. J'ai pris mes informations auprès du juif Çacoto ; sans avoir navigué, il en sait plus long que vous tous, qui allez sur la mer depuis l'enfance !... Et vous, Pero d'Alemquer, partagez-vous l'opinion des autres ?

— Moi, amiral, je pense comme mon camarade ; après

avoir remonté, voilà que la côte descend. Il y a si longtemps que nous suivons cette direction que, depuis plus de huit jours, nous avons dû infailliblement doubler le cap, ce cap de Mauvaise-Espérance, car il ne fut jamais de bonne espérance pour nous. Il serait donc sage, à mon avis... »

Il fut interrompu par un violent coup de poing frappé sur la table, et j'entendis Vasco de Gama s'écrier d'une voix irritée :

« Je le jure par le saint nom de Dieu, nous poursuivrons notre route, fallût-il vous traîner tous par la barbe ! Ah ! si Christophe Colomb avait eu avec lui de pareils compagnons, jamais il n'aurait si bien servi le roi de Castille ! »

— Amiral, dit Pero d'Alemquer, vous êtes injuste et cruel. Lorsque les compagnons de Colomb se virent dans une position critique, au comble de l'affliction, ils voulurent revenir en Espagne. S'ils ne le firent pas, c'est seulement parce que, au bout de trois jours, les gabiers aperçurent la terre. Pour nous, voilà un mois que nous voguons au milieu de ces travaux pénibles et de ces angoisses ; cependant il y a peu de temps que nos gens commencent à se décourager et à se plaindre. Si vous voulez me traîner par la barbe, seigneur Vasco, vous pouvez le faire ; mais sachez qu'elle est devenue blanche par son long contact avec l'écume de ces mers. Vous m'avez demandé mon avis, je vous l'ai donné. Maintenant, comme à l'époque où j'accompagnai ici Barthélemy Diaz, je fais volontiers le sacrifice de ma vie ; si Dieu, notre Seigneur, veut que je meure au milieu de ces mers, je ne lui demande qu'une chose : la tombe à laquelle j'ai droit, et que je désire. Poursuivons donc notre route ; je suis prêt.

— Mon vieux Pero d'Alemquer, répondit Vasco de Gama d'une voix radoucie, je n'ai jamais douté de vous. Nous serons compagnons dans la mort ou dans la gloire. En avant ! »

Comprenant qu'ils se levaient, et qu'ils allaient sortir, je me sauvai au plus vite. Tombant à genoux dans un coin du navire, je m'écriai : « Que Notre-Dame de Nazareth me protège ! Pauvre vieille mère, c'en est fait cette fois, je ne te reverrai plus. »

VI

Lorsqu'on entendit le sifflet des maîtres appeler l'équipage pour la manœuvre, et qu'on vit le navire se diriger vers la haute mer, il s'éleva de toute part un murmure que les capitaines eurent quelque peine à réprimer. Je parle de Paul de Gama et de Nicolas Coelho, car Vasco de Gama, lui, n'aurait pas supporté la moindre protestation.

Les équipages étaient plongés dans le découragement, ce qui ne veut pas dire qu'ils boudassent à la manœuvre ! Nom d'un sabord ! on travaillait que c'était plaisir à voir ; le désespoir au cœur, mais les bras toujours prêts !

Je me trouvais alors sur le navire de Nicolas Coelho. En effet, lorsque Vasco de Gama eut résolu de gagner la haute mer, Coelho lui fit observer qu'il n'avait plus assez d'hommes pour les manœuvres, et l'amiral lui en avait envoyé quatre des siens. J'étais un des quatre.

Ah ! monsieur Gaspard, quelles nuits et quelles journées nous passions ! La nuit semblait durer toujours, tellement l'obscurité était profonde. C'est que le soleil restait si peu de temps sur l'horizon ! Jamais, non plus, je n'ai vu cette mer si orageuse, quoique je sois, depuis, passé cinq ou six fois par là. Les vagues étaient si hautes qu'on aurait dit des montagnes prêtes à s'effondrer sur nous. Un affreux brouillard nous enveloppait, et le mugissement des flots nous remplissait de terreur.

Un jour même, nous nous crûmes tous perdus sans rémission. Les vieilles légendes terrifiantes de la mer nous vinrent en foule à l'esprit, et elles nous troublèrent au point de nous enlever presque la raison. Le soir de ce jour, dont le souvenir ne s'effacera jamais de ma mémoire, la mer devint sauvage au delà de ce que l'on peut imaginer. Le vent soufflait avec fureur ; le navire embarquait des lames à faire frémir. Les maîtres s'étaient fait attacher. Quant à nous, écrasés de fatigue, couchés sur le pont, nous n'avions aucun souci de la pluie qui nous glaçait jusqu'aux os. Nous appelions la mort de tous nos vœux, pour en finir avec nos tourments et avec ces tempêtes. Peut-être, disions-nous, si nous trépassons, le bon Dieu aura-t-il pitié de nous, et nous donnera-t-il une place dans son paradis, pour prix de ce que nous avons souffert pour sa sainte cause.

En ce moment, un formidable éclair illumine le ciel, déjà obscurci par les premières ombres de la nuit, et, spectable épouvantable, à cette lueur rapide, nous nous voyons harcelés de tous côtés par d'énormes vagues, couronnées d'une brillante écume ; on eût dit les dents d'une troupe de loups furieux, s'élançant pour nous dévorer.

Non loin de nous, les autres navires dansaient aussi au sommet des flots. Suivant le mouvement des vaisseaux, les étoiles qui commencent à paraître par intervalle semblent courir au bout des mâts, dans une course folle.

Tout à coup, dominant le mugissement continu de la mer, retentit un coup de tonnerre effroyable.

» Sainte Barbe, venez à notre secours ! » s'écrient les matelots glacés de terreur.

La nuit s'épaissit ; la tempête, encore lointaine, va toujours grandissant ; le tonnerre gronde sans interruption ; ce n'est plus d'un seul côté, mais de tous que la foudre éclate. Le vent se met de la partie et il souffle avec une fureur inimaginable. Nous courons à la manœuvre ; les uns étanchent l'eau, les autres serrent les voiles, consolident les mâts, assurent le gouvernail. Mais à chaque instant la tempête se rapproche et redouble de violence. Les vagues tantôt se creusent, comme si elles allaient nous engloutir, tantôt nous élèvent jusqu'au ciel, aussi noir qu'un tombeau.

Les éclairs déchirent continuellement la nuit, ce qui nous permet de voir les autres navires rebondir aussi sur les flots, comme des balles à paume, au milieu de l'écume jaillissant de toute part. Si loin que l'œil puisse atteindre, on n'aperçoit que des vagues surmontant d'autres vagues, comme autant de bêtes féroces qui, pressées par la faim, chercheraient à se devancer les unes les autres, à la poursuite du voyageur. La lumière phosphorescente semble donner à ces monstres fantastiques des yeux de flamme ; leur gueule, blanche d'écume, s'ouvre toute grande pour nous dévorer.

Dans l'un de ces moments critiques, nous nous trouvons assez rapprochés du vaisseau amiral pour voir la haute stature de Gama se dresser au milieu de l'équipage épouvanté. Tête nue, l'épée à la main, les cheveux en désordre, le manteau gonflé par le vent, on aurait pu le prendre pour Satan lui-même, nous entraînant dans le sombre empire.

Dans ce péril, une immense clameur s'éleva de tous les points de notre navire. Une voix s'écria :

« Ce n'est pas là une mort de chrétiens ! C'est un suicide, qui nous mène droit à l'enfer !

— Qu'on prenne notre corps, crie un autre, mais pas notre âme !

— Nous sommes en pleine mer Ténébreuse ! C'est ici que l'enfer commence ; ces éclairs et ce tonnerre le prouvent assez !

— Sauvez-nous, Seigneur, par votre infinie miséricorde !

— En Portugal ! En Portugal ! s'écrie l'équipage d'une seule voix. »

Mais Nicolas Coelho répond, d'une voix courroucée :

« Silence, matelots ! Que prétendez-vous ? Il s'agit bien de savoir où nous allons, où nous n'allons pas ! Il s'agit de sauver votre vie et votre âme, et, pour cela, il faut travailler comme des hommes et non pas vous lamenter comme des enfants peureux !... »

Les éclats du tonnerre couvrent sa voix ; la foudre tombe à coups redoublés autour du navire, comme pour nous montrer, à sa lueur sinistre, l'abîme creusé sous nos pieds par la mer en fureur. Soudain, je pousse un cri :

« Oh ! bon Jésus ! »

Et mes yeux épouvantés restent fixés sur un point de l'horizon, qu'un violent éclair sillonne d'un long ruban de feu.

« Qu'est-ce donc ? Que vois-tu ? » me demande Nicolas Coelho, surpris de la terreur qui vibre dans ma voix, car il sait que je ne suis pas de ceux qui s'effrayent facilement.

Je ne puis lui répondre qu'un seul mot :

« La statue ! la statue ! »

Un cri général d'épouvante accueille cette réponse.

Ah ! monsieur Gaspard, je ne saurais dire comment cette vision se forma dans mon esprit ; mais, je le jure sur l'âme de ma mère, lorsque l'éclair illumina le ciel et les flots, je vis certainement, du côté de l'est, un être fantastique, un fantôme colossal, le bras étendu vers nous. C'était, bien sûr, le géant Adamastor, gardien vigilant de ces parages, ou l'une de ces statues gigantesques qui, d'après ce que con-

taient nos marins, se dressaient là, comme autant de senti-
nelles, veillant sur la mer et barrant le passage aux navires.

Anxieux et tremblant, tout l'équipage tourne les yeux vers
le point que j'indique ; mais quand s'allume un autre éclair,
nous n'apercevons plus, de ce côté, que des montagnes
d'eau se précipitant les unes sur les autres.

« Tu es fou, mon ami ! me dit le capitaine. Ce que tu pré-
tends avoir vu n'existe que dans ta pauvre cervelle. Vous
êtes tous des poules mouillées, avec vos visions de Satan ! Si
le diable s'occupe de nous, c'est pour perdre notre âme, en
nous empêchant d'atteindre le pays où nous pourrons en
arracher des milliers de ses griffes. Courage donc ! Tenez !
voilà la lune qui se lève ; qu'elle soit la bienvenue ! Elle va
faire disparaître ces apparitions maudites, dont vous poursuit le démon ! »

En ce moment, en effet, cet astre bienfaisant, perçant les
nuages de ses doux rayons, apparaît à nos regards charmés.
En même temps, le vent s'apaise, la mer devient plus calme
et une lueur sereine, éclairant tous les points de l'horizon,
dissipe le cauchemar causé par la tempête. Elle avait une
figure si aimable et si caressante, cette bonne lune, notre
compagne bien-aimée, qu'elle semblait nous apporter un
sourire de notre cher Portugal. Aussi attachions-nous tous
sur elle des regards attendris et reconnaissants. Chacun crut
voir apparaître, au milieu de ses blancs rayons, comme sur
un char d'argent, la sainte Vierge, à qui nous devions notre
salut. Interprète de notre pensée, frère Jean, l'aumônier du
bord, tombant à genoux, s'écrie avec ferveur :

« Je vous salue, Marie, pleine de grâces ! »

Tous nous l'imitons et, à genoux, les mains jointes, le
visage tourné vers l'astre radieux, nous poursuivons en
chœur :

« Le Seigneur est avec vous ; vous êtes bénie entre toutes les femmes,

— Et Jésus, dit frère Jean, le fruit de vos entrailles est béni ! »

Sanglotant, le visage inondé de larmes, au souvenir de nos mères, de nos femmes et de nos enfants, qui, peut-être, à cette heure, priaient pour nous en Portugal, nous continuons :

« Sainte Marie, mère de Dieu, priez pour nous, pauvres pécheurs. »

Et le religieux achève la prière, avec la même ardeur qu'il l'avait commencée :

« Maintenant et à l'heure de notre mort. Ainsi soit-il, bon Jésus ! »

La mer, un peu calmée et pourtant grondant toujours sourdement, me faisait penser aux orgues d'Alcobaça, lorsqu'elles accompagnent, à vêpres, les prières des moines et des fidèles. La lune elle-même, au-dessus de nos têtes, semblait l'hostie sainte, entre les mains du prêtre, au moment de l'élévation. La clarté sereine et douce qu'elle répandait au loin, nous consolait de notre anxiété passée, et nous rendait l'espérance.

Pour moi, j'avais complètement oublié cette horrible apparition d'Adamastor, que j'avais cru entrevoir. Aujourd'hui, je comprends que c'était tout bonnement le sommet du cap de Bonne-Espérance, que j'avais vu confusément dans le lointain, et que nous avions doublé sans nous en apercevoir, pendant cette terrible nuit.

VII

Quand nous avions parlé de retourner en Portugal, Nicolas Coelho, je vous l'ai dit, s'était violemment emporté ; mais sa colère n'était rien auprès de celle de Vasco de Gama. C'est l'épée à la main qu'il avait contraint les matelots à continuer les manœuvres, ce qu'ils refusaient de faire, disant qu'ils aimaient mieux mourir que se battre contre les diables de l'enfer.

Plus tard, cependant, lorsque la tempête fut apaisée, il se montra si affectueux pour eux tous, il les soutint si bien dans leurs souffrances, il fit preuve d'une si grande constance, au milieu des travaux et des dangers, que, malgré sa vivacité et ses emportements, il était adoré de tout l'équipage.

Pendant quelques jours encore, nous avons vogué en pleine mer, et nous ne nous sommes rapprochés de la terre que lorsque Vasco de Gama l'a trouvé bon. Il ne cessait de dire que, tant qu'on n'aurait pas doublé le cap, on gagnerait ainsi la haute mer, aussi souvent que ce serait nécessaire.

Les pilotes allaient au lof le plus possible, dans l'espoir de rencontrer, près de la côte, un vent favorable. Ils réussirent ; mais les terres que nous cherchions à l'est restaient toujours introuvables.

« Le cap est doublé, » pensions-nous.

C'était ma conviction intime.

« C'est lui, me disais-je, oui, c'est bien lui, ce géant que j'ai vu à la lueur des éclairs la nuit de la tempête. »

Lorque les pilotes furent bien convaincus qu'ils auraient beau tendre vers l'est ils ne rencontreraient pas la terre, ils changèrent de direction et voguèrent plus au nord. Ils n'eurent qu'à s'en féliciter, et nous aussi. Ah ! monsieur Gaspard, quel ne fut pas notre ravissement quand, un matin, nous vîmes apparaître un groupe de hautes montagnes à l'horizon. Il était clair que nous avions doublé le cap, et que la côte avait changé de direction. On pleurait et l'on riait à la fois ; chacun rendait grâces à Dieu de l'avoir préservé de l'horrible mort qui menaçait nos corps et nos âmes, si nous avions sombré dans le gouffre infernal.

On se mit à suivre cette côte, et bien qu'elle ne se composât guère que de récifs et de bas-fonds, ce qui forçait les pilotes à n'avancer que la sonde à la main, nous éprouvions une vive allégresse à la contempler. Bientôt on trouva de vastes baies et l'embouchure de grands fleuves, qui apportaient à la mer un volume d'eau considérable ; mais, pénible déception, pas un arbre, pas un homme n'apparaissaient à nos regards. De peur de nous écarter les uns des autres, nous allumions des feux et des fanaux. Nous pouvions ainsi naviguer de conserve et poursuivre ensemble nos recherches. Elles restaient malheureusement infructueuses ; nous ne rencontrions pas l'ombre d'un homme, pas la moindre habitation. La contrariété, le désappointement que nous en éprouvions nous rendaient malades; notre estomac avait peine à supporter la nourriture : même le poisson frais, que nous pêchions chaque jour, nous donnait la fièvre.

Enfin nous arrivâmes à l'embouchure d'un fleuve majestueux. Le poisson y était très abondant et d'excellente qualité. Espérant trouver là quelque être vivant, nous jetâmes l'ancre.

Vasco de Gama vint, à notre bord, dîner avec son frère et Nicolas Coelho. Le frère de lait du jeune Coelho et moi, nous fîmes le service de la table. Le repas fut des plus gais. L'amiral paraissait très satisfait d'avoir eu raison contre l'avis des pilotes. Il fit déboucher une bouteille de vin de Porto, et les convives portèrent réciproquement leur santé.

Au dessert, Vasco de Gama, se tournant de mon côté, eut la bonté de me dire, avec un sourire amical :

« Mon garçon, je bois à la santé de ta vieille mère ! Puisse-t-elle ne pas voir de sitôt la fin des 60 cruzades que tu as reçues de plus que ton compte ! »

Je fus si troublé de ces bonnes paroles, que mes yeux se remplirent de larmes, et je ne sus que répondre. Ma pauvre vieille mère ! elle ne se doutait pas assurément, à Péderneira, qu'un si noble seigneur, un véritable héros, plus grand que tous les rois et les empereurs de la terre, buvait, à cette heure, à sa santé !

Le repas terminé, Vasco de Gama dit à Coelho de remonter le fleuve, pour voir s'il ne découvrirait pas quelque lieu habité. J'accompagnai le capitaine ; mais nous eûmes beau chercher, notre exploration n'eut pas le résultat désiré. Nous constatâmes seulement que plusieurs rivières se jetaient dans ce fleuve, au milieu de rochers escarpés et dépourvus de végétation. Nous revînmes donc à bord, quelque peu tristes et déçus.

On se remit alors à longer la côte, sans rencontrer encore autre chose que des écueils et du sable. Il semblait que ce fût une terre maudite de Dieu. Aussi, comme le vent vint à fraîchir, et que nous ne trouvions ni fleuve ni rade pour nous mettre à l'abri, les pilotes furent-ils d'avis de reprendre la haute mer. Là, le vent devint de plus en plus fort, et les navires travaillèrent beaucoup. Il fallut nous mettre à les calfater de notre mieux, à consolider les mâts, ranger les agrès sur les vergues, dégarnir les huniers, ferler les basses voiles, en ne gardant que la misaine. Mais le temps tournait de plus en plus à la tempête ; les vagues donnaient l'assaut

aux navires, qui dansaient, comme des fous, sur ces flots toujours en révolte : l'hiver était venu.

VIII

Vous ne sauriez croire, monsieur Gaspard Correia, quel
découragement s'empara de nous, quand nous vîmes qu'il
fallait encore lutter contre les tempêtes, qui nous avaient
déjà si fort éprouvés.

« Eh bien! disions-nous, qu'elles recommencent donc, si,
du moins, nous devons aborder à une terre habitée ! Nous
en avons assez de cette mer sauvage et de cette côte maudite,
où il n'y a que des rochers et encore des rochers, du sable
et encore du sable ! »

Ah ! comme on regrettait de s'être si fort réjoui, à la vue
de ces montagnes dont la direction indiquait très clairement
que le cap était doublé ! En était-on plus avancé ? Qui disait
que nous n'étions pas aux bouches de l'enfer ? Si l'on ne
vogue pas sur une mer de poix et de bitume, c'est que les
flots n'ont pas encore cet aspect à l'entrée des gouffres infer-
naux ; mais ne sont-ils pas des fleuves de l'enfer, ces grands
cours d'eau qui, pendant des lieues, ne baignent que des rochers affreux et nus ? Toute cette eau, qui ne fait pas même
pousser une fleur, un simple brin d'herbe, est-ce de l'eau
chrétienne ?

« Compagnons, nous dit un jour Léonard Ribeiro, un
homme instruit et quelque peu poète, qui se plaisait beaucoup à l'aimable compagnie des femmes, et pour qui, par
conséquent, la plus grande contrariété, pendant ce long
voyage, était de n'en avoir pas aperçu une seule depuis six
mois, compagnons, savez-vous un peu d'italien ?

— Certainement, répondis-je. Ce n'est pas ce qui manque à Lisbonne, que les Italiens. C'est chez messire Viti, de Florence, que j'ai commencé à travailler, lorsque je suis venu de Péderneira dans la capitale pour y gagner ma vie.

— Et ce messire Viti ne t'a jamais parlé de l'ouvrage d'un poète florentin appelé Dante ?

— Croyez-vous donc qu'il passât son temps à me parler poésie ? Il s'agissait non de livres, mais de colis qu'il fallait aller prendre dans les embarcations des caravelles arrivant de Çanaga, d'El Mina ou de Madère.

— Eh bien ! ce poète, qui vivait à l'époque des Alphonse, se trouva, un jour, perdu au beau milieu d'une forêt obscure. Alors, par un miracle qu'il serait superflu d'approfondir, il descendit dans les enfers.

— Vraiment ! dans les enfers ? dit-on à la ronde.

— Oui, dans les enfers ; et le récit de ce qu'il y vit est à faire dresser les cheveux ! Donc, avant d'arriver au séjour des supplices, il eut à traverser un lac, dont les bords n'étaient pas plus déserts et escarpés que ceux des rades et des fleuves de cette région. Parvenu à la porte du séjour maudit, il vit ces mots écrits au-dessus :

« *Vous qui entrez, laissez là toute espérance.* »

Nous restons bouche béante, à regarder Léonard Ribeiro, sans trop comprendre où il veut en venir. Il poursuit en ces termes :

« Or, quand nous avons passé devant le cap de Bonne-Espérance, que j'ai vu comme Bastien, dans cette nuit d'effroyable tempête, ne peut-on pas dire que nous avons franchi le seuil de l'enfer ? Est-ce que la foudre et les éclairs ne traçaient pas en lettres de feu, sur le vert sombre de la mer, ces paroles lues par le poète florentin : *Vous qui entrez, laissez là toute espérance ?*

—C'est vrai! c'est vrai! s'écrie en chœur l'assistance ; nous sommes sur le chemin de l'enfer, et Vasco de Gama a fait un pacte avec Belzébuth ! »

De fait, la chose n'était pas invraisemblable, car il n'y avait pas moyen de le faire, si peu que ce fût, revenir en arrière. Et pourtant, personne ne lui demandait plus de rentrer en Portugal ; les maîtres d'équipage et les pilotes le priaient seulement d'hiverner quelque part. Ils lui faisaient observer que les navires, très fatigués, étaient en fort mauvais état ; qu'il se préparait une grosse tempête, et que les lames pourraient bien les briser. Et c'était la vérité même ; surtout pour celui que je montais, le *Saint-Michel,* qu'un miracle seul avait jusque-là préservé des fureurs de la mer. Il fallait tout au moins, ajoutaient les pilotes, chercher un abri dans le fleuve où l'on était déjà entré, jusqu'à ce que le temps fût devenu meilleur. Le vent soufflait d'ailleurs dans la direction de l'embouchure.

Vasco de Gama, qui se promenait sur le tillac, les écouta en silence, en se caressant la barbe. Quand ils eurent fini, il s'arrêta, et promenant sur eux un regard froid et aigu comme la pointe d'un poignard, il leur dit d'un ton sévère :

« Si j'ai bien compris votre pensée, malgré les précautions oratoires dont vous l'avez enveloppée, vous me proposez de revenir en arrière. Eh bien ! sachez-le : lorsque j'ai quitté Lisbonne, je me suis juré que je ne reculerais jamais, pas même d'une encâblure.

— Mais, seigneur, hasarda le pilote du *Saint-Michel...*

— Silence ! Qu'il soit bien entendu, continua l'amiral, sans hausser la voix, mais en faisant un pas vers lui, que le premier qui me parlera encore de revenir en arrière, je le jette à la mer. Allez, maintenant ! »

Vous pourriez difficilement vous imaginer, monsieur Gas-

pard, combien était grand le désespoir de notre pilote, quand
il revint à bord du *Saint-Michel*, et qu'il donna des ordres
pour faire avancer le navire. Malheur à qui ne serait pas
accouru assez vite au coup de sifflet, il aurait subi le contre-
coup de la colère de l'amiral. Mais nous étions si découragés
que, loin de songer à résister à ses ordres, nous n'avions pas
même la force de nous indigner.

Cependant, la tourmente prévue commença à sévir. Le
vent nous assaillit si fort de droite et de gauche, qu'il soule-
vait jusqu'au ciel des montagnes liquides, les faisant ensuite
retomber sur nous en cataractes épouvantables. Le vent
s'apaisait-il ? Le péril n'en était que plus grand, car les navires, suspendus au sommet des vagues, comme des corps
morts, tanguaient tellement que l'eau embarquait par tri-
bord et bâbord ; et nous étions obligés de nous cramponner
aux mâts pour ne pas être entraînés par les flots. Alors les
équipages se mirent à demander grâce et à supplier les capitaines d'aborder quelque part, puisqu'il n'y avait pas d'autre
moyen d'échapper à la mort.

Voyez, monsieur Correia, si, surtout sur le *Saint-Michel*,
nous avions tort de nous plaindre et de crier miséricorde :
nous ne connaissions rien du mode de navigation qu'il faut
suivre dans ces parages, nous ignorions quand commençait
au juste l'hiver, quand soufflaient les moussons, de sorte
que nous allions fréquemment contre le vent. Les navires,
fatigués par huit ou neuf mois de mer, éprouvés par des
tempêtes terribles, comme celle qui nous avait assaillis près
du Cap, commençaient à se disloquer. Le *Saint-Michel*, au
premier choc sérieux, aurait certainement les flancs ouverts !
Et nous, abattus, souffrant physiquement et moralement,
ayant au cœur le regret douloureux de notre chère patrie,
nous étions sans courage et sans force pour les manœuvres

de chaque jour. Par surcroît de misère, il se déclara une voie d'eau, et il nous fallut faire aller continuellement les pompes, trempés par la pluie et inondés de sueur par ce travail d'épuisement.

Rien d'étonnant, n'est-ce pas, qu'on se jetât aux pieds des capitaines, et qu'on les suppliât d'atterrir, puisqu'on souffrait au delà de toute expression. Mais ils répondaient invariablement qu'ils ne pouvaient rien faire sans les ordres de l'amiral. Nous n'avions qu'à nous taire, ajoutaient-ils, car il avait juré de jeter par-dessus bord quiconque oserait lui résister. Or il était homme à le faire, comme il le disait, et à sacrifier jusqu'à son frère, si son frère se fut hasardé à violer sa défense.

Cependant, sur le *Saint-Raphaël* même, la souffrance et le découragement allèrent si loin que les matelots s'enhardirent et parlèrent à l'amiral ; ils le firent, non pas d'un ton arrogant et plein de menaces, mais en pleurant et en suppliant.

« Seigneur, dit l'un d'eux, délégué par ses camarades, ce n'est point la crainte de la mort qui nous fait demander de gagner la terre, pas plus que ce ne fut cette crainte qui, au milieu des tempêtes du Cap, nous fit insister pour retourner en Portugal. Nous avons souvent, sans trembler, bravé la fureur des vents et des flots, les balles des Maures et les zagaies des nègres. Mais ici, dans ces mers infernales, c'est le salut de nos âmes qui est en jeu. Plus d'une fois le bon Dieu nous a avertis de ne pas nous aventurer au delà du Cap, et pourtant nous voilà ici, Dieu sait dans quelles mers ! Réfugions-nous, du moins, dans ce fleuve, où nous avons déjà pénétré, jusqu'à ce que le ciel devienne plus clément. Ensuite, si nous voyons que ces mers ressemblent aux autres, malgré leurs flots sombres et durs, elles ne nous arrêteront pas. Mais si c'est Belzébuth qui règne ici, pourquoi aller nous jeter dans sa gueule ?

— Si Belzébuth règne en ces lieux, répondit Vasco de Gama, gravement et sans s'emporter comme chacun le craignait, nous n'avons qu'à déployer contre lui la croix du Christ qui décore nos pavillons ; elle fait son tourment, et elle le met en fuite. Quelle protection plus efficace pouvons-nous désirer que la croix du Sauveur ? Eh bien ! cette prétendue porte, ne l'avons-nous pas franchie sains et saufs ? N'est-ce pas la preuve que le Christ est avec nous, et qu'il n'oublie pas sa promesse ? N'a-t-il pas dit, en effet, que contre son Église ne prévaudront jamais les portes de l'enfer ? »

En l'entendant ainsi parler et citer l'Évangile, tous les matelots restèrent interdits. Seul le délégué crut devoir insister :

« Seigneur, dit-il, nous demandons seulement d'aller jeter l'ancre dans le fleuve que nous connaissons ; les hommes n'ont plus la force de pomper, et si nous ne parvenons pas à étancher l'eau, nous serons perdus, et nous laisserons à la mendicité nos femmes et nos enfants, sans aucun profit ni pour Dieu ni pour le roi.....

— Assez ! répliqua Vasco de Gama, toujours avec le même calme, je vous l'ai déjà dit, je ne retournerai pas en arrière, lors même que j'aurais mille morts devant les yeux. Je l'ai promis à Dieu, et je tiendrai ma promesse. Songez que tout ce que nous avons fait et souffert ne doit pas être perdu. Déjà nous avons doublé le cap des Tempêtes ; nous voilà près des terres que nous sommes venus chercher et sur le chemin qui doit nous conduire aux Indes.

« De retour en Portugal, après l'accomplissement de votre tâche, vous serez grandement honorés, et jamais vos fils ne connaîtront les épreuves de la misère, car le roi les comblera de ses faveurs. Ayez confiance en Dieu, mes enfants ; il est compatissant, et d'un moment à l'autre vous pourrez ressentir les effets de sa bonté. En avant donc, et ne parlez plus jamais comme le font les seuls malheureux qui n'ont pas confiance en la miséricorde divine. »

Les matelots n'osèrent plus ajouter un mot. Ils étaient venus tout prêts à affronter la colère de l'amiral ; mais ils ne trouvèrent rien à répondre à ces paroles pleines de mansuétude.

Le temps, par bonheur, se remit un peu au beau. Les navires se rapprochèrent. Voyant que tout était calme sur le *Saint-Raphaël*, nous pensions que l'amiral consentirait à ce qu'on allât jeter l'ancre quelque part ; mais cette espérance fut cruellement déçue. Vasco de Gama, montant sur le banc de la poupe, nous cria, en effet, d'une voix sévère :

» Holà ! matelots, mettez-vous bien dans la tête, une fois pour toutes, que votre amiral ne reviendra pas même d'une toise en arrière, quand même on gorgerait d'or nos navires. J'ai, comme vous, femme et enfants, et pour moi comme pour vous la mort est la mort. Mais de deux choses l'une, ou je rentrerai en Portugal après avoir rempli la mission dont on m'a chargé, ou mon corps restera au fond de ces mers enveloppé, comme d'un glorieux linceul, dans cette bannière qui porte l'image du Christ. »

Soit par hasard, soit autrement, lorsqu'il prononça ces paroles, le vent, qui soufflait avec force, enroula autour de son corps le pavillon royal, sur lequel se voyait la croix du Sauveur. On aurait cru que c'était un présage. Calme et le front serein, l'amiral pressa le pavillon sur son cœur, et il baisa avec foi la croix du Rédempteur.

IX

La nuit était profonde. La tempête tourmentait la mer, pas assez cependant pour empêcher une partie des matelots de reposer pendant que l'autre était au travail.

Je venais de me coucher, écrasé de fatigue, et je comptais bien dormir comme un plomb. Il n'en fut rien ; mes yeux restèrent ouverts, non pas à cause du mugissement de la mer, qui, au contraire, m'aurait porté au sommeil, mais parce que je pensais et repensais à mille choses qui me trottaient sans trêve dans la cervelle. Comme mes camarades, je me disais que s'opiniâtrer à poursuivre l'aventure, c'était tenter Dieu ; mais je me disais aussi que les capitaines n'avaient pas moins que nous à craindre pour leur vie et qu'il serait honteux de les abandonner ou de les contraindre à faire ce que leur conscience et leur devoir leur défendaient. Et puis, je me souvenais de ce que nous avait dit Jean II, et du serment que je m'étais fait à moi-même de ne plus m'exposer à ce qu'on me jetât cette injure à la face, qu'on irait chercher des marins espagnols pour faire ce que ne feraient pas les Portugais.

J'en étais là de mes réflexions, quand j'entendis parler à voix basse près de moi. C'étaient mes compagnons de chambrée qui, comme moi, restaient éveillés, au lieu de dormir. Aux premiers mots, je feignis d'être plongé dans un profond sommeil ; mais j'ouvris toutes grandes mes oreilles, afin de ne rien perdre de leur conversation.

« N'est-ce pas une honte, disait un matelot, que les capitaines nous tiennent ainsi en laisse, quand il n'y en a qu'un dans chaque navire, et que nous, nous sommes si nombreux ?

Ayons un peu de cœur, jetons-nous sur eux, enchaînons-les, et donnons le commandement aux pilotes, qui sont avec nous. Sous leur direction, nous serons, en moins d'un jour, à l'abri dans le fleuve où nous avons déjà pénétré, et de là en route pour le Portugal !

— Oui, mais, répondit son voisin, comment le roi nous recevra-t-il ?

— Le roi nous pardonnera certainement, dès que nous lui aurons exposé les bonnes raisons qui nous ont fait agir ainsi. Et puis, par Dieu ! s'il nous fait pendre, eh bien ! nous mourrons dans notre patrie, après avoir revu nos femmes et nos enfants, et non pas dans ces mers du diable, dévorés par les monstres marins, avec des chances d'aller tomber dans les griffes de Satan.

— Nous ferions mieux encore, reprit un troisième, d'aller aborder en Espagne, où nous attendrions que le roi nous fît grâce.

— C'est dit, répondirent les autres. »

En ce moment éclata un formidable coup de tonnerre. D'un bond je fus debout ; mais mon regard ahuri semblait indiquer que je sortais tout à coup d'un profond sommeil. Les conspirateurs ne conçurent donc aucune défiance.

Le sifflet du maître d'équipage appela tout le monde sur le pont. Mes compagnons chuchotaient entre eux ; je montai à leur suite, réfléchissant aux conséquences que pourrait avoir ce complot : Nicolas Coelho, je le savais, n'étais pas homme à se laisser prendre, on ne se rendrait donc maître de lui qu'en le tuant. Il en serait certainement de même de Vasco de Gama.

Je frémissais à la pensée que ces deux braves allaient être victimes d'une révolte, uniquement parce qu'ils voulaient accomplir leur devoir, s'exposant pour cela aux plus grands périls.

Sans plus hésiter, j'allai trouver le frère de lait du fils de Coelho, et je lui révélai toute la conspiration. Il se hâta d'en informer le capitaine.

L'obscurité était profonde, et les vagues s'élevaient si haut que les navires semblaient parfois s'enfoncer et disparaître dans la mer. Le tonnerre n'avait pas cessé. Les hommes montraient une mauvaise volonté évidente au travail.

Tout à coup une voix cria : « Relâchons !

— Relâchons ! » répétèrent trente autres voix furieuses.

Nous y voici, pensai-je, et je m'élançai aux côtés de Nicolas Coelho, prêt à mourir avec lui, s'il le fallait.

Mais le capitaine, prévenu de ce qui se tramait, était sur ses gardes. Il répondit avec le plus grand calme :

« Camarades, occupons-nous présentement de sauver notre vie, qui est en grand danger. Mais, je vous le promets, dès que nous serons à portée de la voix, je demanderai à l'amiral de relâcher et de revenir en Portugal. S'il refuse, eh bien ! nous aviserons. »

Un cri de joie accueillit ces paroles, tandis que je restais muet de surprise de le voir ainsi capituler sans résistance. Il devina ma pensée, et me saisissant la main, il dit à demi-voix : « Silence, c'est toi qui présenteras la requête à Vasco de Gama. »

J'avais compris. Je me tus, mais mon cœur battait avec force, et je me disais : « Dans quel guêpier, bon Dieu ! me suis-je fourré ! »

Lorsque le jour parut, la tempête se calma. Près de notre proue se balançait le *Saint-Raphaël*. Sautant dans le canot, j'allai faire auprès de l'amiral la commission de mon capitaine. Je lui racontai tout, le priant seulement d'éviter que

mes camarades me prissent pour un espion, moi qui n'avais
eu d'autre intention que de sauver la vie des chefs.

« Sois tranquille, » me dit Vasco de Gama. Et il se promena un moment sur le pont, d'un pas agité, en murmurant :

« Ah ! ils sont beaucoup de monde et nous peu ; c'est ce
qui fait leur audace, mais nous allons voir ! »

Il s'arrête et fait un signe au maître d'équipage. Au coup
de sifflet de celui-ci, tous les matelots accourent. L'amiral
les groupe, et il leur parle d'une voix très calme, en apparence seulement ; car moi qui savais ce qu'il avait sur le
cœur, je devinais bien, au sifflement de ses paroles, la colère
qui couvait au dedans de lui.

« Vous êtes d'accord, n'est-ce pas, leur dit-il, pour relâcher et retourner en Portugal ? Eh bien ! qu'il soit fait suivant votre désir ; je ne veux pas avoir à répondre de vos
âmes devant Dieu, puisqu'elles vous paraissent en si grand
danger. Toutefois, pour me mettre en règle envers le roi, je
réclame une requête signée de vous, dans laquelle vous ex-
poserez vos raisons. J'invite donc à venir dans ma cabine le
pilote, le maître d'équipage et trois matelots, ceux que les
pilotes jugeraient capables de les remplacer au besoin ; car
ce qu'il me faut c'est le nom de ceux qui entendent quelque
chose, peu ou prou, à la navigation. »

Cela dit, il descend dans sa cabine. Il serait impossible de
se figurer quelle joie causa aux matelots cette mansuétude
inattendue de l'amiral. Mon cœur se brisait à la vue des
larmes de bonheur qui coulaient sur plusieurs visages, pendant que le pilote et le maître choisissaient ceux qui devraient les accompagner.

Je les suivis. Lorsqu'ils entrèrent, l'amiral était debout,
ayant ses fidèles serviteurs derrière lui. A peine les cinq
marins eurent-ils franchi le seuil qu'il s'écria :

« Aux fers, aux fers, les traîtres ! »

En un clin d'œil, les cinq malheureux furent saisis et enchaînés, sans qu'ils songeassent à faire même un semblant de résistance, si grande était leur stupéfaction.

Alors la colère de Vasco de Gama, longtemps contenue, éclata furieuse. Il bondit sur le pont. En le voyant apparaître, le feu dans les yeux, l'écume à la bouche, l'équipage recula épouvanté.

« Matelots, s'écria-t-il, sachez que vous n'avez plus ni maître d'équipage, ni pilote. Votre seul maître, votre seul pilote désormais, c'est Dieu ! Recommandez-lui votre âme et implorez sa miséricorde. Nous irons où il nous mènera ; mais ce ne sera certainement pas en Portugal ; l'étendard du Christ ne saurait reculer '

— Grâce ! » cria la foule éplorée, car chacun eut l'intuition rapide du péril auquel on se trouvait exposé avec un pareil homme, qui semblait atteint de folie. En effet, il jetait par-dessus bord tous les livres de navigation, et il gardait dans les fers ceux qui, seuls, auraient pu conduire le navire au port.

« Ah ! poursuivit l'amiral, vous voulez retourner en Portugal ! Vous voulez vous emparer de moi, votre chef et le compagnon de vos épreuves ! Vous voulez le déshonneur pour vous et la honte pour vos fils ! Vous voulez que les femmes de Lisbonne vous montrent au doigt, comme des lâches sans foi, ni loi, qui abandonnez votre Dieu, enchaînez votre capitaine, craignez le mauvais temps en vrais marins d'eau douce et redoutez l'enfer, quand l'étendard du Christ flotte au milieu de vous ! A genoux ! A genoux ! Demandez pardon à Dieu de vos mauvais desseins ! »

La foule tomba aussitôt à genoux. Le maître et le pilote, aussi agenouillés, malgré leurs fers, jurèrent à l'amiral qu'ils ne songeraient plus jamais à désobéir ou à reculer.

Ce que peut, pourtant, la volonté d'un homme qui est vraiment un homme ! Des autres navires on voyait ce qui se passait sur le *Saint-Raphaël*. Là aussi, tous les matelots, les mains jointes et suppliant, criaient miséricorde.

Il n'y eut plus, à l'avenir, de tentative de révolte. Quant les matelots réfléchissaient à l'acte insensé auquel les avait poussés le désespoir, ils ne pouvaient s'empêcher de pleurer de honte ; et quand ils songeaient à l'intrépidité de cet homme, qui les subjuguait tous, il leur semblait un être surnaturel, en qui Dieu avait mis sa force et sa grâce divine. Oh oui ! c'était un grand homme ! Seul peut lui être comparé celui qui vient de mourir. Leur perte est d'autant plus sensible que la génération actuelle est faible et abâtardie, et que, si j'ose hasarder ma pauvre opinion personnelle, un petit royaume comme l'est le nôtre a besoin, pour supporter le poids énorme des Indes, des épaules d'hommes vigoureusement trempés, tels que l'ont été Vasco de Gama et Alphonse d'Albuquerque.

X

Ah ! monsieur Gaspard Correia, je sais bien mal raconter ce que j'ai vu et éprouvé ; mais, je vous en donne ma parole, quand même je serais un lettré et un savant comme Garcia de Rezende, je ne pourrais jamais vous faire bien comprendre quelle fut notre joie lorsque, quelques jours après ces événements, nous avons aperçu la terre et l'embouchure d'un fleuve ; que, en pénétrant dans ce fleuve, nous avons vu de la verdure et des arbres, et que, surtout, nous avons rencontré des barques, portant des hommes occupés à pêcher.

Donc, nous remontions le fleuve, dans le canot. A peine avons-nous découvert ces hommes qui pêchaient tranquillement, sans se douter de notre approche, que nous tombons dans les bras les uns des autres, le visage inondé de larmes, et nous rendons grâces à Dieu qui nous a enfin conduits vers une terre habitée. Ce Dieu bon nous montrait, une fois de plus, comme il l'avait fait pour nos pères, que tout ce qu'on racontait sur la mer Ténébreuse et sur l'enfer à fleur de terre n'était rien que sornettes ; que notre monde est partout sous l'œil de la Providence ; que l'on vit partout, et que partout il y a des hommes faits du même limon. Ah ! combien ce soleil nous paraissait brillant, cette onde fraîche, ces feuilles verdoyantes ! Nous puisions l'eau du fleuve à pleines mains, et il me semblait boire de l'eau de mon cher Alcôa ; nous arrachions des feuilles aux arbres sous lesquels nous passions, et nous ne pouvions nous lasser de les contempler et de les mordiller, pour nous assurer que c'étaient bien des feuilles comme les nôtres.

Les nègres que nous rencontrâmes étaient d'apparence horrible et bestiale ; ils ne comprenaient ni notre langue ni nos signes et, pourtant, nous avions le plus vif désir d'embrasser, de serrer dans nos bras ces premières créatures rencontrées par nous, quand même elles auraient été de vrais diables d'enfer !

Nous revînmes avec quelques-uns de ces nègres sur les navires. Ils furent accueillis avec autant de joie que nous en avions ressenti nous-mêmes à leur vue. Ils mangèrent avec plaisir ce qu'on leur donna ; mais leur contentement tint du délire, lorsqu'on leur montra un miroir, en leur faisant entendre qu'ils pouvaient l'emporter.

Ils partirent sans avoir pu nous dire quelle était cette terre, ni comment s'appelait ce fleuve, auquel Vasco de

Gama avait déjà donné le nom de fleuve de la Miséricorde.
Peu nous importait, d'ailleurs; nous étions sur une terre habitée, et nous n'avions pas quitté le royaume du Christ. Cela
suffisait pour nous remplir d'une indicible joie.

Ah! que le travail fut alors agréable ! Plus de fatigue !
Rien ne paraissait impossible. Les navires furent mis en
carène, et nous, les calfats, nous nous empressâmes de les
réparer, enlevant l'étoupe pourrie, la remplaçant par de la
neuve, l'enduisant de goudron. On nous aurait pris pour
une troupe de fourmis cramponnées aux navires, tant était
grande notre activité. C'était tous les jours un tel bruit de
marteaux et de chants portugais, que l'âme en était réjouie
et réconfortée. Fernand Velloso avait retrouvé sa verve joyeuse; un bon mot n'attendait pas l'autre. Quant à Léonard
Ribeiro, l'ami du beau sexe, il ne cessait de demander, par
signes, à tous les nègres qu'il voyait, des renseignements
sur les femmes du pays ; mais les nègres ne le comprenaient
pas. Aussi les envoyait-il à tous les diables ; ce qu'ils comprenaient encore moins.

Satisfait et joyeux, Vasco de Gama dirigeait les travaux. Il
ordonna de brûler le vaisseau de Nicolas Coelho, qu'il n'é-
tait plus possible de réparer. Le maître et le pilote béné-
ficièrent de ses bonnes dispositions. Ils étaient encore aux
fers bien que, à la prière de son frère Paul, l'amiral eût déjà
rendu leur sort moins rigoureux. Il leur accorda un pardon
complet, leur adressa quelques bonnes paroles et leur promit de ne parler au roi que de leurs travaux et de leurs services. En l'écoutant, les malheureux versaient des pleurs de
joie et de reconnaissance.

Ah! l'excellent chef, et combien nous l'adorions! Nous
aurions voulu baiser la trace de ses pas. Sans lui nous se-
rions encore près du Cap, et nos pauvres navires n'auraient

pas pu résister aux fureurs de cette terrible mer. Adieu alors le retour dans la patrie ! Adieu la gloire d'une telle entreprise !

Voyez-vous, monsieur Gaspard, quel pouvoir a sur nous l'espérance ! Nous parlions déjà du retour dans nos foyers ; or, combien n'en étions-nous pas encore éloignés ! Nous ne savions pas même si nous pourrions parvenir jusqu'à l'Inde, et nous nous réjouissions de rentrer à Lisbonne, une fois le voyage accompli. Pour nous sentir ainsi transportés, qu'avait-il fallu ? Voir quelques pauvres arbres d'Afrique.

Les réparations terminées, nous repartons le cœur léger et nous suivons la côte. A chaque instant le voyage nous procure une satisfaction nouvelle. Ainsi, un jour, nous rencontrons un canot naviguant avec une voile de sparte, et il nous semble revoir ces barques de pêcheurs que nous avions trouvées près de la barre du Tage, et que nous avions amicalement saluées, quand elles remontaient vers Lisbonne, pendant que nous gagnions la haute mer.

A peine entrevu, ce canot disparaît. Nous en éprouvons une vive contrariété. Heureusement nous ne tardons pas à en voir un autre, que nous pouvons saisir. Les nègres qui le montent, et qui sont presque nus, se jettent à l'eau, dès qu'ils nous voient, et ils se sauvent à la nage ; seul un Maure (1) en habits de soie, qui ne savait pas nager, tombe en notre pouvoir.

Grande est son épouvante. Mais, vous pouvez bien le penser, monsieur Gaspard, nous n'avions nulle envie de le maltraiter. Tout notre ennui était de ne pas le comprendre. Il y avait cependant parmi nous un matelot qui savait un peu

(1) Les Maures sont les habitants de l'ancienne Mauritanie ; mais, par extension, au seizième siècle, on donnait ce nom aux musulmans de l'Afrique orientale et même de l'Inde.

d'arabe, la langue des Maures. Les deux hommes parvinrent
à échanger quelques mots. Ce fut tout d'abord sans grand
résultat. A la fin pourtant, à force de tâtonnements, grâce à
l'intervention d'un nègre originaire de Guinée, que nous
avions dans l'équipage, et qui s'aboucha avec un nègre du
pays, venu sur le navire; grâce à la bonne volonté du Maure,
qui entendait un peu le langage des deux nègres, grâce aussi
à l'arabe rudimentaire de notre compagnon, on put obtenir
quelques renseignements.

Pour moi, monsieur Gaspard, qui ne suis qu'un pauvre
matelot mal dégrossi, mais qui aimai toujours à me rendre
compte des choses et à réfléchir sur ce que je vois, je me dis
alors : ce nègre de Guinée que nous avons à bord, et celui de
Mozambique et de Sofala — Mozambique et Sofala étaient
les premiers mots qu'avait prononcés le Maure, en mon-
trant le pays environnant — se comprennent, quoiqu'ils ne
se soient jamais vus, et qu'il y ait entre eux plus long de mer
et de sable qu'entre nous et les Turcs ; tous deux ils parlent
à peu près la même langue ; ils sont noirs tous deux comme
de l'encre ; n'est-ce pas la preuve qu'ils descendent du même
père et de la même mère ? C'est Dieu qui a ainsi dispersé
les hommes pour les punir d'avoir conçu l'orgueilleux pro-
jet d'escalader le ciel, au moyen de la tour de Babel. Mais
nous-mêmes, n'étions-nous pas sur le point de résister aux
ordres de Dieu et, par suite, n'aurions-nous pas été soumis
à quelque terrible disgrâce ?

Pour en revenir à l'amiral, il était très satisfait, car tous
les renseignements que lui donnait le Maure concordaient
avec ceux qu'il avait puisés sur le pays situé au delà du Cap,
dans les lettres de Pierre de Covilham, que le roi Emmanuel
lui avait communiquées. Ainsi, lui dit le Maure, à Sofala,
ville devant laquelle nous passions alors, mais sans la voir, il

y avait beaucoup d'or; Mozambique, vers laquelle nous nous
dirigions, guidés par lui, était gouvernée par un cheik, vassal
d'un autre plus puissant, qui résidait plus loin, à Quiloa.
A Mozambique, il se faisait un grand commerce entre les
Maures et les indigènes : les Maures venaient de l'Inde et
ils y retournaient chargés d'or, d'ivoire et d'autres marchandises ; lui-même il était de Cambaye, le royaume le plus
puissant de l'Inde, et il nous y conduirait si nous le dési-
rions.

L'amiral nageait donc dans la joie. Notre satisfaction
égala la sienne lorsque, à notre arrivée à Mozambique, nous
vîmes le mouvement d'un port considérable, des navires à
l'ancre, des bateaux entrant et sortant, un peuple bien vêtu
et un souverain maure paré d'habits de soie et armé d'un
cimeterre orné d'argent. Sans doute nous allions avoir à
lutter contre des sentiments hostiles, car c'est là qu'il nous
fallut livrer nos premiers combats ; mais, pour de pareilles
rencontres, nous étions prêts du reste. Ce qui nous avait
fait trembler naguère, c'était la perspective de nous battre
contre les puissances infernales et contre les monstres inconnus, qui semblaient vouloir s'élancer sur nous du milieu
des vagues furieuses du Cap.

Maintenant, monsieur Correia, je n'ai plus grand'chose à
vous apprendre. Tout le monde sait, en effet, que nous eûmes
à nous mettre en garde contre la trahison de ce chef maure
de Mozambique. Les livres et les mémoires ne manquent
pas là-dessus. Mais ce que l'on sait moins, et c'est à cause de
cela que je vous en ai longuement parlé, c'est ce qui se passa
pendant ces jours interminables et ces nuits terribles dont
il vient d'être question : alors, sans secours, au milieu de
ces mers funestes, nous étions seuls en face de l'enfer, qui
nous envoyait la tempête, et de Dieu, notre Seigneur, qui,

pour notre salut, mit constamment l'espérance au cœur de notre amiral.

C'est sur les terres de Mozambique, monsieur Gaspard, que le commandant en chef laissa le premier des malheureux qu'il emmenait sur ses navires. C'étaient des condamnés à mort que, pour cette raison, on devait abandonner dans ces pays inconnus et dangereux. Périssaient-ils ? Leur sentence recevait son exécution. Parvenaient-ils à sauver leur vie ? C'était pour eux le pardon, la récompense de leur courage et de leur adresse.

Lorsque Jean Machado, l'un d'eux, fut mis dans le canot qui allait le déposer à terre, cet homme d'un naturel endurci, qui avait plus d'un meurtre sur la conscience, sentit son cœur défaillir à la pensée que nous l'abandonnions. D'abord il resta morne, sans rien dire à personne ; mais quand il mit le pied sur l'échelle du bord, il se retourna d'un air si désolé, qu'il faisait compassion. Il regarda l'amiral et ses lèvres tremblèrent. Vasco de Gama lui adressa un regard plein de douceur, et ce regard suffit pour faire jaillir les larmes de cet infortuné.

« Allons, Jean Machado, dit l'amiral, sois un homme ! »

Jean Machado s'agenouilla, lui baisa la main et il sauta dans le canot, en s'écriant d'une voix émue :

« Adieu, mes amis ! Pardonnez-moi tous, et que Dieu, notre Seigneur, me pardonne aussi tous mes crimes !

— Va-t'en en paix, Jean Machado, lui cria tout l'équipage, et que Dieu te protège ! »

Longtemps on le vit debout sur le canot ; il s'essuyait les yeux avec sa manche. Bientôt il disparut dans le lointain et les navires cinglèrent vers l'est.

XI

Nous en avions fini avec les angoisses de la navigation. C'était pour nous un vrai bonheur que de voir, à chaque instant, des bateaux passer près de nos navires, bien que l'hostilité manifeste de ces gens-là nous causât quelque inquiétude.

Des traitres, voilà ce qu'ils sont avant tout dans cette région. Vous n'ignorez certainement rien des dangers que nous avons courus à Quiloa et à Bombaça, que d'autres appellent Mombaça; pour moi, je n'ai jamais pu connaître exactement le nom de cette ville. Mais Dieu, notre Seigneur, voulut nous récompenser de tout ce que nous avions enduré pour son divin service ; il nous conduisit enfin à Mélinde, où nous fûmes reçus en amis. Il en est qui attribuent cet accueil bienveillant à ce que l'on savait déjà que nous avions bec et ongles, et que, surtout, nos canons n'étaient pas de simples joujoux; mais moi je suis persuadé que si le roi de Mélinde nous accueillit amicalement, c'est qu'il était un excellent homme et que, en outre, il fut très flatté de la courtoisie et de la loyauté de Vasco de Gama.

Ah ! monsieur Gaspard, si nous avions toujours ces qualités-là, nous n'aurions pas tant à faire, aujourd'hui, dans les Indes ! Plus d'une fois, cela est certain, nous avons rencontré la trahison ou la mauvaise volonté ; mais, plus souvent encore, nous nous sommes mal comportés à l'égard de ces peuples, d'abord si bien disposés en notre faveur.

Enfin, ce qui n'est pas douteux, c'est que Vasco de Gama obtint, par ses bons procédés, tout ce qu'il voulut du roi de Mélinde.

Dès que nous vîmes cette ville, si vaste et si belle, avec

un port rempli de navires, rien n'égala notre contentement. Nous mourions d'envie d'aller y faire un tour. Je crois bien que beaucoup d'entre nous, surtout Léonard Ribeiro, brûlaient du désir d'aller faire un bout de conversation avec les Mauresques. Vasco de Gama emmena quelques matelots à terre avec lui. Ce bon Léonard Ribeiro était du nombre. Tout à coup il nous planta là et se mit à courir ; il avait aperçu une de ces mauresques, et il s'empressait d'aller la complimenter, avec force saluts et démonstrations courtoises. Cette mauresque, vieille et laide comme les sept péchés capitaux, le regardait faire avec une évidente stupéfaction. Ayant rejoint notre compagnon, nous le gourmandons, le raillons, et lui faisons honte de sa conduite. Il allait répliquer avec colère ; mais un regard de l'amiral lui imposa silence, et tout rentra dans l'ordre.

Ce qui nous fit beaucoup rire, en dedans, bien entendu, ce fut l'entretien, auquel il nous fut donné d'assister, de Vasco de Gama et du roi de Mélinde, le jour de leur première entrevue. L'amiral s'exprimait en portugais, et un esclave d'Arzille traduisait ses paroles en arabe, langue que le roi comprenait parfaitement. Or, avec le plus grand sérieux du monde, Vasco de Gama amplifiait à plaisir la vérité. A l'entendre, le roi de Portugal était le plus grand roi chrétien de la terre ; il guerroyait, avec d'innombrables chevaliers et d'immenses armées, contre les peuples qui ne voulaient pas lui jurer obéissance ; sa flotte dépassait deux cents vaisseaux ; il possédait de nombreuses villes et de magnifiques châteaux ; ses revenus étaient si considérables qu'il mettait, chaque mois, dans son trésor, deux cent mille cruzades, toutes dépenses payées ; enfin, dans le but de découvrir de nouvelles terres, il avait fait partir, dans toutes les directions, cent navires bien équipés.

Le sérieux de l'amiral, en contant tout cela, était des plus comiques. L'esclave le regardait bien sournoisement de temps à autre, mais il traduisait fidèlement ses paroles, sans faire la moindre observation. Fernand Velloso faillit, à plusieurs reprises, nous faire éclater de rire ; à tout ce que disait l'amiral, il applaudissait de la tête, ce qui ne l'empêchait pas de lâcher, à voix basse, les facéties qui lui passaient pas la cervelle, mais sans perdre son sérieux et en hochant toujours la tête d'un air approbatif. Comment avons-nous pu ne pas pouffer ? Je me le demande encore.

Lorsque le roi de Mélinde manifesta l'intention de venir sur notre navire, pour rendre sa visite à l'amiral, ce fut pour nous un surcroît de fatigue écrasant, afin de tout mettre en ordre. En effet, après tant de mois de pénibles vicissitudes, vous pouvez bien penser que les bâtiments n'étaient pas présentables. Quel travail il fallut pour les mettre en état ! D'abord on dut les calfater de nouveau ; sans cela, on n'aurait pas pu continuer le voyage. On les renversa sur le côté malgré leur charge, et, après les avoir calfatés avec soin, on les goudronna avec un goudron résineux et aromatique de bonne durée. Tandis que nous autres, les calfats, nous faisions cette besogne, les cordiers s'en allaient sur la plage tresser des amarres avec ces filaments de coco dont on se sert en Orient, et qui sont solides et résistants.

Après cela, il fallut parer le navire pour la réception du roi. Tout fut mis en mouvement. On rangea tout, on lava, on frotta, on disposa des branches de verdure, des drapeaux, des tapisseries de Flandre, des statues, de beaux tapis de pieds et de table, des faisceaux de lances au fer brillant, des épées nues en trophées, des panoplies d'armes blanches, les cuirasses et les armes des capitaines, et des buffets richement garnis.

Lorsque arriva le jour de la visite royale, nous étions exténués, mais rien n'y parut. Après la toilette du navire, ce fut le tour de la nôtre. Ensuite, on orna magnifiquement le canot; la proue fut recouverte d'un grand tapis, et on y arbora un guidon de damas blanc et rouge, garni de belles franges or et pourpre, et au milieu la croix du Christ. On prépara pour le roi un siège de velours cramoisi, avec des franges de fils d'or, retenus par des clous d'argent.

Mais tout cela n'était rien; ce qu'il eût fallu voir, c'était combien le bon roi de Mélinde, quand il se fut assis sur le pont du *Saint-Raphaël*, était émerveillé de tout ce qui l'entourait; comme il se montrait plein de gratitude pour la réception qu'on lui faisait, et comme il semblait se régaler, en faisant largement honneur à nos succulentes olives d'Elvas. Quand nous songions que, après avoir enduré tant de souffrances et surmonté tant d'obstacles, nous avions obtenu un résultat inconnu de nos ancêtres : avoir devant nous, presque en humble vassal, un véritable roi, un roi d'Orient, et non pas l'un de ces pauvres rois nègres qui, comme celui qu'on vit à Lisbonne, au temps de Jean II, n'étaient que des rois pour rire, ah! monsieur Gaspard, comme nous avions une haute opinion de nous!

Ce qui nous causait le plus de joie, c'était de savoir que ce roi-là allait nous donner un pilote pour nous conduire aux Indes, et que nous pouvions nous fier à sa parole. Toutefois, l'amiral fut vivement contrarié en apprenant qu'il fallait demeurer trois grands mois à Mélinde, pour attendre la mousson. Dans ce temps-là, on ne connaissait pas encore ce que c'était que les moussons; aussi l'amiral craignait-il quelque machination. Mais nous, qui en avions jusque par-dessus les yeux de la mer et des manœuvres, nous n'étions pas fâchés de passer quelques mois dans ce pays de délices, où tout le monde nous faisait bon visage.

Vous croirez sans peine, monsieur Gaspard, que ce fut pour moi un indicible plaisir de me reposer et de dormir, d'un sommeil délicieux, dans un jardin des environs de Mélinde. On y avait envoyé quelques-uns de nos hommes atteints du scorbut, et j'étais chargé d'en prendre soin. Ah ! lorsque, à la fin du jour, je vis un clair ruisseau courir en murmurant à travers une pelouse verte, et que, au lieu du bruit strident de la mer, j'entendis le chant des oiseaux cachés au milieu des arbres ; lorsque, la nuit, je m'endormis sur une bonne natte, non plus au mugissement des flots, mais au doux gazouillement d'une fontaine, et que, en me levant le matin, je parcourus le jardin, et vis des poules semblables aux nôtres, oh oui ! je me crus à Alcobaça... L'idée me vint presque de passer là le reste de ma vie, sans retourner sur cette mer maudite.

Rester ici, me disais-je, ce n'est pas possible, car j'ai ma vieille mère à Péderneira. Mais si je la revois, je lui dirai : Bonne mère, allons vivre à Alcobaça ; la mer, je ne veux plus en entendre parler !

Eh bien ! voyez la bonne histoire : trois jours ne s'étaient pas écoulés pour moi dans ces charmants jardins, que j'avais déjà la nostalgie de la mer ! Voilà dix-sept ans de cela, et je n'ai pas quitté la mer, et sur la mer je mourrai ! Ah ! qu'on a raison de l'appeler *la* mer, au féminin, car, comme une femme aimée, elle vous ensorcelle ! On en dit du mal, et on lui donne sa vie !

XII

A tout prendre, monsieur Gaspard, ce furent des jours bénis que ceux que je passai dans les jardins de Mélinde. Le

roi et ses ministres étaient si bons pour nous, qu'ils mettaient, comme vous le voyez, leurs propres jardins à notre
disposition. Nous n'y manquions de rien ; nous étions là
comme chez nous, et les naturels s'empressaient à nous
servir. C'est pourquoi grand fut notre chagrin quand il fallut
quitter Mélinde. Il sembla que nous disions une seconde fois
adieu à Lisbonne.

Lui aussi, le pauvre roi, il avait les larmes aux yeux,
lorsque nous prîmes congé de lui, car il nous regardait
comme de véritables frères. N'est-il pas vrai, monsieur Gaspard, que nous avons bien des fois rencontré, sur la route
et dans les Indes, des rois qui nous voulaient du bien ?
Voyez celui de Cochin, celui de Cananor et même celui de
Calicut qui, si l'on s'était bien comporté à son égard, n'aurait
pas été aussi mal qu'il le fut pour nous ! Mais, que voulez-
vous ? au lieu d'en user avec eux sur le pied de l'amitié,
comme il est arrivé à Mélinde, nous leur avons toujours
montré mauvais visage. Il en est, je ne l'ignore pas, qui sont
naturellement traîtres et perfides, si bien qu'on ne saurait
se fier à leur parole ; mais fallait-il, pour cela, nous qui devions
valoir mieux, nous conduire comme nous l'avons fait ?
Enfin, c'est peut-être là de la politique, et je n'y entends
rien ; mettons que ceux qui nous gouvernent savent bien
ce qu'ils ont à faire.

Ce que, du moins, je puis affirmer, c'est que des rois comme
celui de Mélinde, nous n'en rencontrâmes jamais plus. Les
pilotes qu'il nous donna étaient des hommes pleins de
loyauté ; ils firent jusqu'au bout leur devoir, sans nous fournir le moindre sujet de défiance ou de mécontentement.
Aussi furent-ils bien récompensés.

Nous n'eûmes également qu'à nous louer de Davane, ce
Maure de Cambaye, le premier homme que nous avions ren-

contré dans ces parages. Sans doute, le roi lui avait recommandé de bien veiller sur nous et de bien défendre nos intérêts, pour qu'on ne nous dupât point dans nos ventes et nos
achats ; mais Davane n'avait pas besoin de ces recommandations. C'était ce qu'on peut appeler *une bonne pâte
d'homme* ; il sut bien vite gagner notre affection.

Il nous amusa beaucoup, lorsqu'il essaya d'apprendre
quelques mots de notre langue. Pour son malheur, il était
tombé entre les mains de Fernand Velloso, qui avait voulu,
à toute force, être son professeur.

Un jour, le nègre qui le comprenait passablement nous
dit :

« Cet homme est tout à fait *taibo*. »

Or, ce mot, qui signifie un brave homme, dans l'idiome
des nègres, veut dire *cocasse*, en patois portugais. Enchanté
d'être regardé comme un brave homme, Davane ne voulut
plus qu'on l'appelât désormais autrement que *taibo*.

C'est alors qu'intervint Velloso, et Dieu sait s'il nous fit
rire !

« Comment, *taibo*, dit-il avec un grand sérieux, vous
voulez donc être gratifié d'un nom nègre ? Ce ne sera
pas ; il vous faut un nom portugais, vous entendez, Davane, un nom portugais ! Mais savez-vous bien ce qu'est le
Portugais ?

— Oui, dit Davane, le Portugais est *taibo*.

— *Taibo*, dites-vous ? Ah ! le bon portugais que voilà !
Apprenez donc mieux notre langue ; et tenez ! je veux bien
être votre maître. Comprenez-vous Davane ? Savez-vous ce
que c'est qu'un maître ?

— Oui, dit Davane, c'est l'homme qui a un sifflet.

— Il est bon là, avec son sifflet ! Il confond le maître de
langue et le maître d'équipage ! »

Et cette confusion nous faisait rire aux larmes.

« Voyons, poursuivit Velloso, vous voulez. être appelé un brave homme, en Portugais ?

— Oui, *taibo*.

— Non pas *taibo* ; *taibo* est nègre. En portugais, un brave homme se dit : *orate*. »

Le pauvre Davane ne se doutait pas que le mot *orate* veut dire un fou, un homme toqué ! Pour moi, je me tordais, tandis que le malheureux répétait : *orate, orate*.

« N'appuyez pas tant; dites légèrement : *orate ;* je suis *orate* ! »

Et l'infortuné de répéter : « Je suis *orate*, » c'est-à-dire, pour nous, *toqué !*

En ce moment, Vasco de Gama apparut à l'écoutille. Il venait faire sa promenade habituelle sur le pont. Il était de bonne humeur, et il répondit à notre salut par un geste amical. Ce que voyant, Velloso se tourna vers Davane, et il lui dit :

« Voulez-vous montrer à notre amiral combien vous êtes déjà fort sur le portugais? Approchez-vous et dites-lui...

— Oui, oui, je sais, dit Davane joyeux, je vais lui dire : Je suis *toqué !*

— Inutile ; il le sait de reste. Allez le trouver, et dites-lui : « Je suis dans une réunion de toqués. »

— Prenez garde, Velloso, lui crions-nous, craignant que sa plaisanterie ne dépasse les bornes.

— Laissez-moi tranquille, répond-il ; ne suis-je pas professeur de portugais ? Voyons, Davane, répétez : Je suis dans une réunion de toqués. »

Croyant qu'on lui fait dire qu'il est dans une réunion de braves gens, Davane répète avec docilité.

« Bien ! Très bien ! Allez, maintenant, et dites cela à l'a-

miral. Peut-être vous fera-t-il prendre un bain ; mais,
comme il fait chaud, cela ne vous fera pas de mal. »

Davane, sans comprendre ce que Velloso voulait dire avec
son bain, s'en alla tout joyeux vers l'amiral. Nous n'étions
pas sans appréhender les suites de l'aventure : le Maure,
pensions-nous, recevrait probablement une bonne correc-
tion, et nous ?...

Cependant, Davane s'approche de l'amiral et, l'air souriant,
se confond en saluts. Puis, se redressant, il lui dit lentement,
mais sans se tromper :

« Je... suis... dans... une... réunion... de... toqués !

— Vraiment ! répond l'amiral en gardant son sérieux ; et
savez-vous quel est le plus grand de tous ? C'est Velloso, qui
vous apprend ces belles choses. »

Et nous de rire, comme bien vous pensez. Toutefois,
Davane eut quelques doutes ; aussi, à l'avenir, quand Velloso
ou l'un de nous lui disait : « Bonjour, toqué ! » il répondait,
avec une pointe d'humeur : Non pas *toqué*, mais *taibo !* »

Le moment de partir était venu. Avant de se mettre en
route, Vasco de Gama voulut élever sur le rivage l'une des
six colonnes que le roi lui avait remises pour les placer dans
les contrées dont il prendrait possession. Il en parla au roi
de Mélinde, qui en parut très satisfait.

Toute la population de Mélinde voulut assister à la cérémonie. Elle fut très belle. Nous marchions en habits de fête,
et ceux qui restaient à bord avaient ordre de tirer des salves,
lorsqu'ils verraient la colonne s'élever sur une colline dési-
gnée d'avance, à gauche de la ville. Cette colonne était en
marbre blanc, avec piédestal et chapiteau. Au sommet, se trou-
vaient, d'un côté, l'écusson royal, surmonté d'une couronne ;
de l'autre, un second écusson, orné d'une sphère. Au bas, on
lisait, en lettres gravées et dorées, le nom du roi Emmanuel.

Avant de la faire mettre debout, Vasco de Gama pria les trois aumôniers des navires de la bénir ; ce qu'ils firent, en présence de tous nos compagnons pieusement agenouillés. Puis on répandit sur le sol plusieurs pelletées de terre de Portugal, dont l'amiral avait emporté quelques caisses.

Dès que la colonne est dressée, en face de la mer, les trompettes retentissent. A leurs accents répondent, au loin, les sons graves du canon des navires.

Chacun sentait un frisson patriotique lui parcourir le corps, à la vue de cette blanche colonne plantée dans une terre portugaise, saluée par notre artillerie et dominant la mer. Alors, devant l'image de Notre-Seigneur de Miséricorde, la messe fut dite en plein air, et lorsque, au moment de l'élévation, les naturels nous virent agenouillés, le front pieusement incliné, ils s'agenouillèrent, eux aussi. Nos yeux se mouillaient, à la pensée que ces écussons, portant la sphère et les armes nationales, représentaient, en quelque sorte, l'âme de la patrie ; que cette terre, qui entourait le pied de la colonne et que vénéraient à genoux les naturels de ce pays, était la terre de nos pères ; que le Portugal était ainsi présent à nos regards, et qu'il disait, par la voix de l'inscription et par celle du monument : J'ai passé en ces lieux !

Lorsque, en partant par un beau soleil dont les rayons empourpraient les flots, nous vîmes au loin, sur cette colline, la blanche colonne, sur laquelle tranchaient les lettres éblouissantes du nom de notre roi Emmanuel, nous pensâmes tous, avec un noble orgueil, que nous aurions beau faire naufrage, mourir et ne retourner jamais dans notre pays, ce monument n'en resterait pas moins, en quelque sorte, comme notre testament, et un testament que nulle plume ne pourrait effacer. Tout borné que je suis, je me disais, à part moi : Le Portugal pourrait s'engloutir au sein de l'Océan, l'histoire pourrait rester muette sur notre compte, ces colonnes, plantées par nos mains, attesteraient toujours la grandeur de notre peuple. Ainsi subsistent à jamais les traces des géants qui se sont immortalisés dans l'Inde. N'est-ce pas la vérité, monsieur Gaspard ?

XIII

La mer est traversée ; une montagne est en vue ; le pilote crie : Voilà l'Inde ! Alors notre cœur bat d'allégresse, et, tous, nous attachons les yeux sur cette montagne, où nous devons trouver le terme de notre voyage, le couronnement de la grande entreprise qui nous a coûté tant de fatigues et de tourments. Nous nous tenons embrassés, pleurant au souvenir de nos familles et de nos concitoyens ! Quelle joie n'éprouveraient-ils pas, en ce moment, s'ils connaissaient nos épreuves et nos succès ! Mais quoi ? peut-être, à cette heure, pleuraient-ils notre perte, car il y avait beau temps que nous étions partis ! Et pourtant, monsieur Gaspard, Dieu, notre Seigneur, est bon et miséricordieux ; n'était-il pas possible que, à ce moment-là même, il parlât au cœur de nos parents et de nos amis, et qu'il leur dît que nous étions heureux ?

Ce qui est certain, c'est ce que ma mère m'a conté. Un jour — d'après ses explications, j'ai compris que c'était le jour où nous apparut la montagne de Delhi — elle était allée faire ses dévotions à Notre-Dame de Nazareth. Elle avait vu la bonne Vierge si souriante, avec le petit Jésus entre ses bras, qu'elle était revenue à la maison plus légère qu'au départ. De retour à Pederneira, elle s'était mise à chanter, en raccommodant les filets, ce qui ne lui était plus arrivé depuis que je l'avais quittée.

En l'entendant, les voisins se disaient : « La pauvre vieille a fini par perdre la tête, car elle voit que son fils ne revient pas, enseveli qu'il est, à cette heure, au fond de ces mers infernales, où notre roi a envoyé la flotte, uniquement par ambition et sans se soucier des malheureuses mères ! »

Et lui, le pauvre roi, que tout le monde accusait et qui avait plus d'appréhension que tout le monde, il ne cessait de monter sur les hauteurs de Cintra, à la Penha, pour regarder au loin sur la mer ; et chaque fois qu'il redescendait sans avoir rien vu apparaître à l'horizon, c'était le cœur serré et l'âme en peine !

Quant à nous, lorsque, en approchant de la terre, nous vîmes la côte couverte de palmiers et de cabanes et, autour des navires, des barques montées par des pêcheurs bronzés, qui n'avaient qu'une ceinture pour tout vêtement et qui nous regardaient tout ébahis, nous comprîmes que nous touchions enfin à cette Inde si désirée. Alors, nous tournant vers Vasco de Gama, nous allâmes, l'un après l'autre, sans dire un seul mot, lui baiser la main. Il savait bien pourquoi nous agissions ainsi ; mais il se contenta de nous dire :

« Bien, mes enfants, bien ! La gloire est pour nous tous, puisque tous nous avons travaillé et exposé notre vie pour atteindre le but auquel nous voilà parvenus. Maintenant, mes garçons, il faut prier pour l'âme de ceux de nos pauvres compagnons qui sont restés dans ces mauvaises mers, sont morts désespérés, et ne pourront pas voir cette terre promise. Puisse Dieu leur donner le bonheur éternel et, par conséquent, la consolation et la joie qu'ils n'ont pas eues en ce monde !

— Amen ! » répondit en chœur tout l'équipage.

7

Et pendant quelques instants, on n'entendit que le murmure de nos prières.

Pendant ce temps, le navire poursuivait rapidement sa marche. Il atterrit enfin, et nous jetons l'ancre à Calicut.

A présent, monsieur Gaspard, que me reste-t-il à vous conter ? Vous savez mieux que moi ce qui se passa avec le Zamorin, attendu que les matelots n'étaient pas dans la confidence des capitaines. Tout ce que je puis vous dire, c'est que notre première nuit à Calicut, ou mieux à Capocate, fut une nuit de pleine lune. J'ai encore présent ce qui me passa alors par la cervelle, lorsque, adossé à la muraille du *Saint-Raphaël*, je me mis à contempler, au loin, cette grande cité et ses merveilleuses pagodes, toutes baignées, à cette heure, par la lumière argentée de la lune. Je me disais que Dieu, notre Seigneur, devait être plein de bonté et de miséricorde pour nous, pour avoir permis qu'un petit peuple comme est le nôtre eût pu accomplir tant de prodiges, s'avancer jusqu'au bout du monde, traverser des mers difficiles et découvrir de nouvelles routes vers ces contrées lointaines.

Or, savez-vous, monsieur Gaspard, pourquoi c'est nous, d'après mon gros bon sens, qui avons fait tout cela ? C'est parce que nous qui, dans notre pays, sommes toujours en querelle les uns contre les autres, celui-ci tenant pour dom Georges, celui-là pour la reine douairière, d'autres se disputant pour un oui ou pour un non, à peine sommes-nous loin de la patrie, nous sentons combien elle nous est chère, et nous donnerions volontiers notre vie pour que notre roi fût le plus grand de la chrétienté, ce même roi à qui, dans les eaux de Lisbonne, nous aurions refusé naguère notre concours, en disant qu'il ne savait pas ce qu'il se faisait ! J'aurais voulu les voir près de moi tous ceux qui avaient si **mal** parlé, là, sous le clair de lune de l'Inde, pensant aux belles nuits du Portugal, contemplant Calicut endormie et songeant à Lisbonne, qui, à la même heure, si la lune était la même là-bas qu'ici, sommeillait, elle aussi, poétiquement sur le versant des sept collines, et baignait ses pieds dans le Tage ! Ils auraient su alors quels tendres regrets on éprouve au souvenir de la patrie, combien on la trouve plus grande et plus belle que les autres royaumes, et avec quel élan on braverait mille morts pour ne pas la voir humiliée et méprisée !

Ce que je ne saurais jamais non plus oublier, c'est la joyeuse surprise que nous causa la vue d'un quasi-compatriote. Nous restâmes, vous le savez, sans communiquer avec la terre jusqu'à ce que l'amiral se fût décidé à envoyer aux renseignements le banni Jean Martins. S'il devait lui arriver malheur, mieux valait que cela tombât sur lui que sur un brave matelot. Mais l'accueil qu'il reçut fut très sympathique ; il vint même tant de monde pour le voir, qu'il lui fut longtemps impossible de s'ouvrir un chemin à travers la foule compacte. Étant rentré à bord, sain et sauf et très satisfait de son excursion à travers la ville, il conseilla à l'amiral d'envoyer ou de conduire une députation au souverain de Calicut.

Jean Martins amenait avec lui un homme vêtu comme les Maures, ce qui ne nous surprit point, vu que nous étions rassasiés de voir de pareilles gens dans les barques ; mais il serait difficile de s'imaginer combien nous fûmes étonnés et joyeux, en entendant le nouveau venu nous dire, en bel et bon espagnol :

« Dieu vous bénisse, vous qu'il amène ici ! »

Il fallut tout le respect que nous inspirait l'amiral pour retenir dans notre gosier un cri d'allégresse, et nous empêcher de nous jeter dans ses bras.

Sans s'émouvoir aucunement, comme si c'était la chose la

plus naturelle du monde, Vasco de Gama lui répondit, en sa langue :

« Merci, Castillan, Dieu vous protège aussi ! »

Il s'entretint ensuite longtemps avec lui. Ce musulman, Espagnol de naissance, qui se montra en toute circonstance loyal et fidèle envers nous, informa Vasco de Gama d'un complot que les gens de Calicut avaient ourdi contre lui, et il l'engagea à se tenir sur ses gardes.

Lorsque l'amiral le congédia, nous nous groupâmes tous autour de lui, et ce fut un feu roulant des questions les plus folles. C'est qu'aussi, songez donc, M. Gaspard, il y avait plus d'un an que nous n'avions parlé la langue des humains, si ce n'est entre nous ! A tous les hommes que nous avions rencontrés il nous avait fallu parler par signes, ou leur enseigner à grand'peine, comme à Davane, quelques mots qu'ils répétaient sans trop en comprendre le sens. C'est pour cela que les questions pleuvaient de toute part sur l'Espagnol. Il nous dit qu'il était de Séville. On l'avait volé tout enfant et emmené très loin, jusque dans les Indes. Il était né de parents chrétiens ; mais on l'avait élevé dans la religion musulmane.

Il nous donna des renseignements intéressants sur le pays ; il nous parla des castes et du malheur des parias, obligés de crier, quand ils passent dans la rue, pour que les nobles puissent s'écarter et ne pas se souiller en respirant le même air que ces infortunés.

Chaque fois que le Sévillan faisait une pause, Léonard Ribeiro s'empressait de lui demander : Et les jolies filles ? L'Espagnol avait beau continuer à nous décrire les coutumes de ces peuples et leurs pratiques religieuses que vous connaissez du reste, Ribeiro en revenait toujours à sa question favorite. Ce que voyant, Fernand Velloso enleva le **tur-**

ban du Sévillan, et en coiffant Léonard, il lui dit: « Ame damnée, tiens ! Tu es destiné à devenir musulman, puisque pour toi il n'y a pas de paradis sans femmes ! »

Qu'il était drôle, le pauvre Léonard, avec le turban enfoncé jusqu'aux yeux ! Comme l'étoffe était saturée de poivre, il se mit à éternuer à plusieurs reprises, et si plaisamment que nous saluâmes d'un bon gros rire la plaisanterie de Velloso. Cela mit fin à l'entretien, et le bon Moncade ou Alonzo Perez, c'était le nom du Castillan, put s'en aller en paix rendre compte de sa mission au roi de Calicut.

Le plus amusant ce fut que Léonard Ribeiro se fâcha pour tout de bon contre Velloso. Ils en seraient certainement venus aux mains, si Léonard n'avait fini par s'apercevoir que sa colère mettait tout l'équipage en liesse. Sans rien faire de plus pour exciter son humeur, Velloso se contenta de plaisanter sur son nom, l'appelant non plus M. du Ruisseau, ce qui est la signification de Ribeiro, mais bien M. du Poivre ! Léonard enrageait ; mais ce qu'il avait de mieux à faire, c'était encore de se taire. Du reste, ce qui se passait à terre ne tarda pas à faire oublier ces farces du bord.

XIV

Moncade, c'était le nom mauresque de notre ami le Sévillan, ou Alonzo Perez, c'était son nom chrétien, avait conseillé à l'amiral d'envoyer des marchandises à terre et d'acheter, en échange, du poivre, de la cannelle, des clous de girofle, du gingembre et autres épices dont nous avions besoin. C'est ce que nous fîmes. Un entrepôt fut établi sur la plage, dans une maison qui nous parut propre à cette destination, et dont on expulsa, sans cérémonie, les habitants.

Il est vrai que ce fut par l'entremise du *gozil*, magistrat important du pays.

Alors commença le trafic des épices. On les payait avec de l'or et de l'argent, monnaie qui avait là plus de valeur qu'en Portugal, ou avec des marchandises, telles que le corail, l'ambre, le cuivre, etc. Vasco de Gama avait instamment recommandé à Davane, qui nous accompagnait comme courtier, de ne pas chicaner sur les marchés. Il en résulta qu'on nous vendit tout au-dessus de la valeur réelle des choses, quoique les prix fussent encore extrêmement bas, comparés à ceux de Lisbonne. Le pauvre Davane se tourmentait comme un beau diable : il disait que nous nous laissions voler, que ce n'était pas là ce que lui avait recommandé le roi de Mélinde, et ceci, et cela ! Il faut bien le reconnaître, l'impudence de ces gens n'avait pas de bornes. Ils nous volaient une première fois sur le prix, une seconde, sur le poids, une troisième, sur la qualité, nous donnant de la cannelle passée, de mauvais poivre, des clous de girofle durs comme du bois, du gingembre plein de terre argileuse, ce qui en doublait le poids. C'était, prétendaient-ils pour conserver l'arôme du gingembre : et pour mieux conserver cet arôme, sur une livre ils mettaient trois quarts de terre et un quart de gingembre !

En fermant les yeux sur ces vols, Vasco de Gama savait bien ce qu'il faisait. Il pensait que le roi de Calicut, voyant que nous étions de si mauvais marchands, et que nous jetions l'argent à pleines mains, voudrait, lui aussi, faire du commerce avec nous, et qu'il fermerait l'oreille aux propos insidieux des musulmans, qui le dissuadaient de tout leur pouvoir d'entrer en relations avec les Portugais. C'est ce qui arriva. Nous eûmes bien, il est vrai, de mauvais traitements à endurer, mais ils furent l'œuvre du catual, sorte d'intendant général du palais, et du gozil, mais non pas du roi. Le roi, lui, se bornait à nous donner de la cannelle pourrie et du poivre avarié en échange de nos écus portugais en bon or et en bon argent.

Mécontents de la tournure que prenaient les choses et des sentiments que le roi manifestait à notre égard, les musulmans changèrent de tactique ; ils conseillèrent, avec insistance, au prince de recevoir l'ambassade portugaise, dont il n'était plus alors question, dans l'espoir que, si Vasco de Gama venait à terre, ils s'empareraient facilement de sa personne, et se rendraient ensuite maîtres de ses navires sans coup férir.

Nous pensions, nous aussi, que ce danger était à craindre, et nous n'aurions pas voulu que l'amiral s'aventurât ainsi, car, s'il venait à nous manquer, que deviendrons-nous ? Mais Vasco de Gama ne voulut rien entendre. Le front serein, il dit :

« Mon frère, mes amis, vous n'ignorez pas que le jour où je me suis embarqué pour ce voyage j'ai offert à Dieu mon âme et ma vie, fermement décidé à mener à bien l'entreprise et à faire ce que son service exigerait. C'est pourquoi, je vous le dis en toute sincérité, quand même j'aurais là, devant moi, la barre du Tage, je ne la franchirais pas, et je me donnerais plutôt la mort de mes propres mains que de me présenter devant le roi, sans avoir accompli la mission dont il m'a chargé. C'est parce que j'y suis bien résolu que je compte ma vie pour rien. Je serais bien peu digne d'estime si, par crainte de la mort, je laissais faire à un autre ce que je regarde comme un devoir. »

A cela que répondre ? Rien. Vasco de Gama se rendit donc à terre, où l'attendaient les épreuves et les périls que vous savez.

Je ne puis pas vous raconter ce qui se passa alors, car je ne fus pas l'un des douze Portugais qui l'accompagnèrent. Si l'amiral ne m'admit pas au nombre de ses compagnons, ce n'est point par mauvaise volonté de sa part ; mais, étant allé précédemment à terre, j'avais été pris d'une fièvre tierce si violente que je crus ne jamais plus revoir ma vieille mère. Ce que je puis du moins vous dire, c'est que, en quittant le bord pour aller à cette grande cérémonie, les nôtres étaient magnifiques. Debout à la proue des canots, les trompettes en habit blanc et rouge, dont l'instrument, brillant comme de l'or, était orné de bannières en taffetas aussi blanc et rouge avec une sphère dorée au milieu, sonnèrent la marche royale. Alors Vasco de Gama, redressant sa haute taille, descendit l'escalier du navire. Par-dessus un justaucorps de satin bleu il portait une casaque ample et longue, en satin fauve, doublée de brocart violet. Il était chaussé de brodequins blancs et coiffé d'une toque en velours bleu, garnie d'une plume blanche que retenait un nœud fort riche. Sur ses épaules retombait un collier en émail ; à sa ceinture un beau poignard était attaché à un brillant ceinturon. Derrière lui venait son page, entièrement vêtu de satin violet. A ce spectacle, chacun se dit qu'il donnerait une bonne opinion de notre patrie, celui qui se présentait avec tant de pompe !

Quant aux présents, je soutiendrai toujours que c'était une pure mystification. Ceux qui assistaient à la réception m'ont bien dit que le roi les reçut avec une visible satisfaction ; mais je me demande comment il pouvait s'extasier sur la richesse d'un grand miroir, d'un fauteuil, de quelques pièces de soie et d'écarlate, d'un bassin et d'aiguières d'argent, le prince qui était tout ruisselant de pierreries, d'or et et de perles précieuses ? Ces cadeaux étaient bons pour les chefs nègres de la côte d'Afrique ; mais, pour un roi de l'Inde, ils ne laissaient pas que d'être bien mesquins.

Tout alla bien d'abord ; le roi se montra plein de bienveillance pour ces chrétiens, qui venaient de si lointains pays. Mais les choses se gâtèrent, lorsque le catual eut réussi à faire sa dupe de Vasco de Gama.

Il lui dit, en effet, que le roi le faisait appeler dans son palais, situé à deux lieues de la ville; mais il l'égara en chemin, et il lui en fit voir de toutes les couleurs.

Je tiens de Jean de Sétubal, qui l'accompagna, que, plus d'une fois, l'amiral inspira de vives craintes à ses fidèles Portugais. Le catual commença par conduire les nôtres dans une forêt épaisse. Il les y promena plusieurs jours, sans leur expliquer pourquoi il agissait ainsi. Lorsque venait l'heure de dormir, il les mettait sous clef dans des cabanes, où il ne leur donnait pour nourriture que du riz cuit à l'eau et du poisson bouilli ; et pour lit, que des nattes moisies. Il parlait avec arrogance à l'amiral, le traitant, en propres termes, de chef de brigands.

Outré de pareils procédés, Vasco de Gama éprouvait une si furieuse colère, qu'il en était livide. Toutefois, il se maîtrisait, car, il en était sûr, le catual ne se comportait de la sorte que pour le pousser à la révolte et fournir ainsi au roi un motif de lui faire trancher la tête. Il supportait donc, en apparence, ces mauvais traitements avec une patience angélique, n'ayant pour ses ennemis que des paroles aimables, comme s'il ne tenait aucun compte de la manière dont on en usait envers lui et ne se doutait pas qu'on l'eût, à dessein, égaré dans la forêt. Lorque arrivait le riz à l'eau, que ses compagnons ne pouvaient pas avaler ; qu'il se voyait sous clef ; qu'on ouvrait seulement la porte pour leur apporter une cruche d'eau ou quelques nattes moisies, il se contentait de dire : « Allons, mes enfants, c'est le moment de suivre le conseil que nous a donné Alonzo Perez : *Souffrir et se taire !* » Mais son désespoir contenu était tel, qu'il avait la gorge serrée au point de ne pouvoir avaler une bouchée. Sous l'empire de la faim, les autres mangeaient tant bien que mal ce qu'on leur donnait ; mais lui, on ne sait pas comment il vécut pendant tout ce temps.

Une nuit entière, on l'entendit marcher dans la cabane close. Au point du jour, il était pâle comme un mort. Néanmoins, il n'eut que de douces paroles pour le catual. Eux aussi, ses compagnons, par son ordre exprès, obéirent docilement, même lorsqu'on les sépara de leur chef, et qu'on leur enleva leurs couteaux, la seule arme qui leur restât.

A la fin, le catual perdit l'espoir de réussir dans ses perfides machinations. Un beau jour, j'entendis de joyeuses exclamations remplir notre vaisseau ; c'était l'amiral qui revenait.

Sautant du lit à la hâte, au risque de me rompre le cou, je courus lui baiser la main. Je le vis, sans faire attention à nous, se tourner du côté de Calicut, et je l'entendis s'écrier d'une voix vibrante de colère :

« Ah ! terre odieuse ! Etres vils et sans foi, traîtres et malandrins ! je reviendrai aux Indes, et je vous le jure, je tirerai une vengeance terrible de vos trahisons et de vos infamies ! »

Ses yeux étaient pleins de flamme, ses lèvres frémissaient, ses poings fermés menaçaient Calicut et semblaient vouloir la pulvériser. Ah ! monsieur Gaspard, quand je songe à la cruauté dont fit preuve Vasco de Gama, la seconde fois qu'il vint aux Indes, lui dont je connaissais la douceur et l'extrême bonté, je suis persuadé qu'il faut en chercher la cause dans la rage contenue qu'il éprouva pendant ces jours maudits, quand son orgueil blessé fut contraint de souf-

frir en silence tant d'humiliations et de mauvais traitements !

XV

Le même jour, comme nous reprenions la route de notre
cher Portugal, Vasco de Gama, contrairement à son habi-
tude, se montra d'une humeur détestable. S'il était parfois,
comme vous le savez, violent et emporté, ce n'était qu'un
éclair, bientôt éteint, et il redevenait tout de suite un homme
doux et d'agréable commerce. Mais, cette fois, la trahison
dont il avait été victime à Calicut l'avait tellement aigri,
qu'il ne voulut rien passer désormais à ces gens-là, comme
vous allez le voir.

Je ne saurais dire si nous sommes allés ou non à Cananor, parce que, au départ de Calicut, je fus repris de ces
maudites fièvres, qui m'avaient déjà si fort travaillé. Lorsque je pus me reconnaître, je me trouvais dans l'île d'Anchediva, où nous avions fait relâche pour attendre la mousson
de Mélinde.

Quelles bonnes heures je passai là, à regarder les barques
et les grands navires, qui, venant faire de l'eau dans l'île,
s'écartaient de nous avec terreur, dès qu'ils nous aperce-
vaient. J'aimais à me rendre compte de leur manière de
naviguer, si différente de la nôtre, avec leur gouvernail si
large et leur bordage si mince. De temps en temps, je des-
cendais à terre, et j'éprouvais un plaisir délicieux à m'éten-
dre sur l'herbe verdoyante, au bord d'une petite rivière, dont
l'eau était si belle, si transparente qu'on voyait luire au fond
son sable brillant. Il me semblait être assis près de l'Alcôa,

non loin du monastère, à l'endroit où, sur le chemin de Vallado, il gazouille au milieu des pierres, tandis que les canards suivent son cours, en ramant silencieusement avec leurs pattes, comme une petite escadre éblouissante de blancheur.

C'est là que, pour la première fois, j'ai vu l'un de ces ermites de l'Inde, l'un de ce *joguis*, comme on les appelle, qui restent des heures et des heures en contemplation, les yeux fixés sur leurs cuisses. Il passait là sa vie dans une grotte, à répéter du matin au soir : Rama ! Rama ! Rama ! sans avoir l'air de se soucier du riz que lui apportaient les marins pieux, chaque fois qu'ils abordaient dans cette île. Nous avions la tête rompue de cette sempiternelle chanson ; aussi quand l'un des nôtres faisait longtemps la même chose, lui disions-nous par plaisanterie : « N'as-tu pas bientôt fini de *ramacher ?* »

C'est également dans cette île d'Anchediva que vint, pour nous espionner et savoir quelles gens nous étions, un juif espagnol, envoyé par le souverain de Goa. Cet homme avait secrètement amené plusieurs navires, qu'il avait cachés dans les replis de l'île. Mais les pêcheurs, qui nous vendaient du poisson et avec qui nous étions en bons termes, s'empressèrent d'en informer l'amiral, afin qu'il se tînt sur ses gardes.

Lorsque le juif fit son apparition sur un petit bateau, il joua la bonhomie et la surprise. L'amiral, prévenu, lui fit de son côté bon visage, tout en lui gardant un chien de sa chienne. On voyait bien, malgré son air placide, que la moutarde lui montait au nez ; aussi, pendant que le juif s'entretenait amicalement avec Nicolas Coelho, grommelait-il entre ses dents :

« Nous rentrons en Portugal exaspérés de vos trahisons

et de votre usure, beaux fils d'Abraham ! Ne vous avons-nous pas vus, dans l'Inde, chercher à vendre la bannière du Christ, comme vos pères ont vendu le Christ lui-même ! Ah ! Judas maudit, nous allons t'attacher au grand mât et te régaler d'importance ! »

Il ne le fit pas pendre ; mais ce fut tout. Le pauvre diable, qui était loin de s'y attendre, fut saisi par ordre de l'amiral, et, pieds et poings liés, flagellé sans pitié par les matelots. Il se mit alors à pleurer, à crier miséricorde, mais sans nous attendrir.

« Bast ! pensions-nous, nous autres chrétiens, ses pères ont fait au Christ, notre Seigneur, bien plus de mal qu'il n'en doit endurer ! »

Celui-là ne paya pas seulement pour ses ancêtres, qui avaient crucifié Jésus, mais aussi et surtout pour le catual et les musulmans de Calicut, qui, eux non plus, ne valaient pas cher, bien qu'ils fussent de religion différente.

Ce juif ne fut point relâché ; on l'emmena en Portugal, où il se fit baptiser, et il eut pour parrain Vasco de Gama lui-même, dont il prit le nom. On l'appela, en effet, Gaspard de Gama, ou plus généralement encore, Gaspard des Indes.

Sans perdre de temps, l'amiral mit à la voile pour aller attaquer les navires ennemis, qui se cachaient, mais qu'il ne lui fut pas difficile de découvrir, sur les indications des pêcheurs. Après que l'artillerie eut fait son œuvre, il les prit à l'abordage, massacrant sans merci ceux qui tentèrent de fuir. Le châtiment dépassait évidemment la faute ; mais Vasco de Gama voulait qu'on sût dans l'Inde que les Portugais avaient de bonnes dents.

Enfin, nous quittâmes ce mouillage. L'histoire de notre retour n'aurait aucun intérêt pour vous ; j'abrégerai donc le plus possible.

C'est avec une vive satisfaction que nous avons revu le bon roi de Mélinde. Il se confondit en protestations d'amitié, et il pleura quand nous partîmes.

C'est aussi avec bonheur que nous avons, cette fois, doublé le cap de Bonne-Espérance, en songeant aux épreuves que nous avions subies dans ces parages.

Notre joie ne fut pas moindre, lorsque, quelque temps après, le vent tomba, et que les voiles pendirent le long des mâts. Cela prouvait que nous nous trouvions dans les régions calmes de la Guinée, c'est-à-dire bien près des terres portugaises. Bientôt, en effet, nous touchions aux Açores.

Vasco de Gama eut la douleur d'y perdre son frère Paul. Malgré ce malheur, nous étions bien heureux de nous retrouver en pays portugais. De leur côté, nos concitoyens éprouvèrent une joyeuse surprise en nous voyant revenir ; c'était à qui nous fêterait.

Des Açores aux bouches du Tage le trajet fut court. Quand nous aperçûmes au loin les monts de Cintra, notre bonheur fut au comble. La joie que nous avions éprouvée en doublant le cap de Bonne-Espérance ou en découvrant la première montagne de l'Inde n'était rien en comparaison de celle qui nous remplit le cœur, lorsqu'il nous fut donné de revoir notre patrie, après une si longue absence. Nous nous tenions embrassés, pleurant d'allégresse ; nous tombions à genoux, les bras tendus vers la terre, qui semblait venir au-devant de nous et nous dire : « Soyez les bienvenus, mes chers enfants ! »

Puis c'est la barre du Tage qui nous apparaît, noire de barques. Ces barques sont pleines de gens venus de tous côtés pour nous féliciter, et c'est escortés par une véritable flottille que nous entrons dans le fleuve, au milieu des hourras qui montent jusqu'au ciel, et qui nous rendent presque fous de joie.

C'est ensuite le roi qui nous reçoit, les lèvres tremblantes d'émotion, les yeux gonflés de douces larmes. Lorsque Vasco de Gama s'agenouille à ses pieds, il s'écrie d'une voix tremblante, mais cependant assez forte pour que tout le monde puisse l'entendre :

« Relevez-vous, *dom* Vasco ! »

C'était le commencement des récompenses. Et chacun de crier :

« Vive *dom* Vasco de Gama ! Vive le roi Emmanuel ! »

Voilà des scènes qu'il faut avoir vues, monsieur Gaspard ! Quant à comparer le cortège du départ et celui du retour, qui pourrait le faire ?

Il ne manquait là que ma vieille mère ; mais je ne tardai pas à savoir qu'elle était bien portante à Péderneira. Combien était vif mon désir d'aller l'embrasser et lui montrer le visage de son Bastien, brûlé par le soleil d'Orient !

Le fait est qu'on nous reconnaissait partout à première vue. Je ne saurais dire quelle figure nous faisions, quel dandinement particulier du corps nous avions, après trois ans passés à danser sur les flots ; mais, ce qui est certain, c'est que je n'étais pas plus tôt dans la rue, à me promener les mains dans les poches, que j'entendais une voix s'écrier :

« Tiens ! un marin de Vasco de Gama ! »

Ce qui revenait à dire : Voilà un fameux gaillard ! C'était, en effet, un titre de noblesse que d'avoir fait cette expédition. Comment alors nous n'avons pas éclaté d'orgueil, comment nous ne sommes pas morts d'indigestion, comment nous avons pu ingurgiter une si grande quantité de boisson sans rester sur le carreau, tant on avait à cœur de nous gorger et de nous abreuver, c'est ce que j'ignore. Nous étions, dans toute la force du terme, les enfants gâtés de Lisbonne. Il suffisait d'être marin de Vasco de Gama pour pouvoir tout se permettre.

Tout cela était bel et bon, mais je ne pouvais pas me résoudre à rester plus longtemps sans revoir ma bonne vieille mère. Elle ne connaissait pas encore notre arrivée. On a bien conté qu'un habitant de Terceira, nommé Arthur Rodriguès, aussitôt que nous eûmes mouillé aux Açores, partit pour Lisbonne sur sa caravelle, afin d'être le premier à faire savoir que nous arrivions; mais, si c'est vrai, le roi garda la nouvelle pour lui. Par la surprise qu'on avait eue à Lisbonne, en nous voyant, on peut juger de ce que ce devrait être à Péderneira.

J'allai donc trouver Vasco de Gama pour lui demander la permission de m'absenter. Dès qu'il sut mon nom, il me fit entrer. Le barbier était en train de raser sa barbe, devenue très longue, parce que, en quittant Lisbonne, il avait fait serment de ne pas la couper jusqu'au retour.

« Que veux-tu, Bastien Fernandès ? me dit-il. Aurais-tu, par hasard, la nostalgie du cap de Bonne-Espérance ?

— Non pas du cap, mais bien de Péderneira, où m'attend ma vieille mère ; et si mon capi..., pardon, si mon amiral voulait me permettre d'aller la voir ?

— Va, mon garçon, va ! Ta demande prouve que tu es un bon fils... As-tu des frères ?

— Mon amiral sait bien que je n'en ai plus. »

A ces mots, le visage de Vasco de Gama se couvrit d'un nuage, et il garda un moment de silence. Je compris qu'il pensait à son frère Paul, qui avait été à la peine, et qui n'était pas à l'honneur.

« Bien, reprit-il, au bout d'un instant, va toucher ce qui te revient, y compris le poivre et le reste, que le roi veut qu'on remette à chaque matelot ; mais souviens-toi que, par ordre exprès du prince, tu ne dois rien vendre. Ce qu'on vous donne est pour distribuer à vos parents et à vos amis, afin que tout le monde garde un bon souvenir de notre expédition.

— Ah ! mon capi..., mon amiral, vous pouvez être bien tranquille ! Avec le poivre que j'emporterai, tout Péderneira sera poivré ! »

Peu après je partis, à califourchon sur un mulet. J'étais joyeux comme un oiseau. Tout en cheminant, je comparais cette belle route aux sables que j'avais traversés, sous un soleil torride, lorsque je me rendis de Mélinde aux jardins où je devais garder les scorbutiques. Les bons sapins portugais, qui semblaient me dire : « Reste ici, mon garçon ; on y est si bien ! » me faisaient penser aux forêts de l'Inde, parfumées et fleuries, mais d'où mille voix s'élevaient pour me dire : « C'est pour ton malheur que tu es venu dans ces contrées !... » Ah ! monsieur Gaspard Correia, c'est bien vrai que rien ne vaut la terre natale !

Laissant mon mulet à l'entrée du village, je courus régaler mes yeux de la vue de la mer ; car notre amour pour elle fait corps avec nous. Ne se possédant pas de joie, tous les gamins s'élançaient déjà pour annoncer ma venue à la mère Britès, c'est le nom de ma mère. Mais je les en empêchai, et je me dirigeai moi-même vers notre chaumière.

Au moment d'entrer, je sentis mon cœur battre avec plus de force encore que lorsque j'avais vu passer sous mes yeux effarés, au milieu de la tempête, ces figures sinistres, qui devaient changer de forme et devenir le cap de Bonne-Espérance.

8

J'ouvre ; ma vieille mère était agenouillée au fond, occupée à prier.

Le soleil, clair et gai, illumine la maison. Au milieu de ses rayons brûlants, je m'arrête, tout ému, sur le seuil ; puis, jetant loin de moi mon chapeau, je m'écrie :

« Mère ! mère! reconnaissez-vous ce garçon qui revient de l'Inde pour vous embrasser ? »

Un cri retentit, un cri tel qu'on n'aurait jamais cru ce vieux corps capable d'en pousser un pareil, et aussitôt, je sens la bonne vieille suspendue à mon cou, m'embrassant, me palpant, pleurant et riant à la fois, invoquant la vierge Marie, et s'écriant :

« Ah ! mon fils ! mon bon fils ! mon cher Bastien ! »

Et moi de pleurer aussi ; tellement que j'en avais honte. Pendant que nous nous tenions embrassés, tout Péderneira était en l'air, et l'on entendait crier de tous côtés :

« C'est Bastien ! c'est Bastien, qui revient de l'Inde ! »

Comme bien vous pensez, notre première sortie fut pour porter un cierge à Notre-Dame de Nazareth, pour remercier la bonne Vierge d'avoir veillé sur nous pendant un si lointain voyage. Tous les habitants nous suivaient, chantant les litanies de la Vierge, et quand ils s'arrêtaient dans leur chant, on entendait les vagues de la mer qui semblaient répondre : *Amen* !

La bonne vieille ne voulut pas que je retournasse à la mer. Aussi, pour lui complaire, je ne m'embarquai pas sur la flotte de Pierre Alvarez Cabral, perdant ainsi l'occasion de visiter de nouveaux pays. En revanche, ma chère mère eut la consolation de mourir dans mes bras.

Alors je revins ici une seconde fois avec Vasco de Gama ; puis avec d'autres et d'autres encore. Je dois donc trouver dans ces mers, devenues le domaine du Christ, une hono-

rable sépulture, puisque je suis l'un des premiers Portugais qui osèrent s'y aventurer jadis...

Ainsi finit l'intéressant récit de Bastien Fernàndès. Puis-
se-t-il avoir donné autant de plaisir à nos lecteurs qu'il en
causa certainement à cet excellent Gaspard Correia. On
sait, en effet, combien Correia était avide de connaître les
traditions relatives à la découverte et à la conquête des
Indes, qu'il sut ensuite conter lui-même avec tant de
charme et une si attachante simplicité.

H. FAURE.

A LUIZ DE CAMOENS

Toi dont la voix vibrante a d'un peuple héroïque
Célébré les hauts faits, toi qui nous a conté
L'infortune d'Inès, du roi la cruauté,
De Dom Pèdre, son fils, la vengeance tragique;

Toi qui du dieu thébain retraças les fureurs,
Qui fis d'Adamastor un sujet d'épouvante,
Qui créas de Vénus la belle île mouvante,
Et prédis l'avenir à nos navigateurs;

Toi qui, dans les tourments d'une affreuse agonie,
Pleuras sur les enfants de la Lusitanie,
        Ingrats, mais toujours chers;
Camoens, de Gama toi qui doublas la gloire,
Salut, ô grand génie, astre de notre histoire,
        Orgueil de l'univers!

Francisco DE CASTRO FREIRE.

Traduit du portugais par H. F.

LISTE GÉNÉRALE

DES MEMBRES ADHÉRENTS

MM. ADVENIER (Henri), licencié en droit, à Moulins.

ALLARD (Hubert), propriétaire, à Neuvy, près Moulins.

ARTAUD, négociant, à Moulins.

AUBERT DE LA FAIGE, membre du comité.

AUBIGNEU (Antoine d'), propriétaire, à Moulins.

AURADOU, officier de la Légion d'honneur, ingénieur de la marine en retraite, à Moulins.

BAER (Gustave), officier d'académie, architecte à Moulins

BARATHON, notaire à Moulins.

BARD (Léandre), membre du comité.

BARET (l'abbé A.-J.), membre du comité.

BAZIN, capitaine de cavalerie en retraite, chevalier de la Légion d'honneur, à Moulins.

BIDAULT (l'abbé), chanoine honoraire, curé de Saint-Pierre, à Moulins.

BONNARD (Claude), membre du comité.

MM. BOURDEL (H.), président d'honneur.

BOUTRY (l'abbé), grand-vicaire du diocèse, à Moulins.

BOUTRY (le vicomte), membre du comité.

BRUNEL (Henri), chef de cabinet du préfet de l'Allier, à Moulins.

BURE (de), membre de la Société française pour la conservation des monuments historiques, ancien président de la Société d'Émulation et des Beaux-Arts du Bourbonnais, à Moulins.

CASTAIGNE (Joseph), membre du comité.

CATUSSE (E.), président d'honneur.

CAYOT (l'abbé), chapelain d'Avermes, près Moulins.

CHABOT (de), chevalier de la Légion d'honneur, colonel du 10e chasseurs, à Moulins.

CHAMPOMIER (l'abbé), chanoine honoraire de Moulins et de Trébizonde, curé du Sacré-Cœur, à Moulins.

CHANIER (Eugène), greffier du tribunal de commerce, à Moulins.

CERCLE DU COMMERCE ET DES ÉTRANGERS (le), à Vichy.

CORNILLON (docteur J.), médecin-consultant à Moulins et à Vichy.

Crédit Lyonnais (l'agence de Moulins du), gérant M. Saint-Ange Penel.

CRÉPIN-LEBLOND (Marcellin), membre du comité.

CRISON (l'abbé), grand-vicaire du diocèse, à Moulins.

CROIZIER (Eugène), notaire, à Moulins,

DAMOUR (Edouard), membre du comité.

DECRAND (Camille), docteur-médecin, à Moulins.

DELAGENESTE (Hippolyte), chevalier de la Légion d'honneur, ancien maire de Moulins.

MM. Delaigue (Alexandre), officier d'académie, maire de Saint-Menoux (Allier).

Deschamps (l'abbé Raphaël), chanoine honoraire, directeur du collège du Sacré-Cœur, à Moulins.

Devaulx (Justin), maire de St-Gerand-le-Puy (Allier).

Douhet (l'abbé Pierre), chanoine, curé de la Cathédrale, à Moulins.

Druard (Hippolyte), président d'honneur.

Dubourg (Mgr A.), président d'honneur.

Dufaud (le général du cadre de réserve), commandeur de la Légion d'honneur, à Moulins.

Dupuis (Amable), propriétaire, à Montluçon.

Dupuy, chevalier de la Légion d'honneur, officier d'académie, ancien adjoint au maire de Montluçon.

Duvaux (Albert), secrétaire-général de la préfecture de l'Allier, à Moulins.

École normale des jeunes filles (l'), directrice, Mlle Champomier, à Moulins.

Faure (Henri), président du comité.

Favier (l'abbé), membre du comité.

Frobert (J.-J.), banquier, à Moulins.

Fustier, notaire, à Moulins.

Garidel-Thoron (Joachim de), membre du comité.

Gerle (l'abbé Guillaume), curé de Néris-les-Bains.

Gilbert (Emile), ancien pharmacien, lauréat de l'Institut (académie des sciences) et de plusieurs sociétés savantes, officier de l'Instruction publique, chevalier du Medjidié et du Cambodge, membre correspondant de la Société de pharmacie de Lisbonne.

MM. Girard, notaire honoraire, à Moulins.

Gondard, membre du comité.

Gouat, ancien pharmacien, membre du conseil d'hygiène, à Moulins.

Grégoire (Camille), officier de l'Instruction publique, juge de paix, à Saint-Pourçain (Allier).

Guillaumin (l'abbé Eugène), aumônier de Saint-Maur, à Montluçon.

Habrioux (Emile), directeur de la succursale de la Société Générale, à Moulins.

Hachette, proviseur du Lycée de Montluçon.

Haranguier de Quincerot (le général d'), président d'honneur.

La Couture, vice-président de la Société d'agriculture, à Franchesse (Allier).

Lagarde (Amédée de), avocat, administrateur-fondateur de la Société française de conserves pour l'armée, à Paris.

Lalaubie (le docteur de), membre du comité.

Lamapet (Louis), membre du comité.

Las Cases (le marquis de), conseiller général, maire de Coulandon (Allier).

Lavergne (Camille), officier d'académie, président honoraire de la *Lyre moulinoise*, inspecteur des enfants assistés, à Moulins.

Le Febvre (le baron), membre du comité.

Lejeune (Henri), docteur-médecin, à Moulins.

Leturcq (H.), négociant, président du Tribunal de commerce, à Moulins.

Lieb (Edouard), ancien banquier, à Moulins.

MM. LIGNERIS (le commandant comte des), membre du comité.

LYCÉE BANVILLE (la classe de 9e du), professeur, M. Ch. Meyer, à Moulins.

MARTIN, propriétaire, à Orvallée (Allier).

MATHIEU (l'abbé), curé-doyen de Commentry (Allier).

MAUGUE (Henri), étudiant en droit, à Moulins.

MELIN (Mgr), protonotaire apostolique A. I. P., à Moulins.

MENON (Paul), membre du comité.

MÉPLAIN (Armand), membre du comité.

MEYER (Charles), officier de l'instruction publique, professeur au lycée Banville, à Moulins.

MILLET (Victor), propriétaire, à Moulins.

MONTALESCOT, docteur-médecin, à Lurcy-Lévy (All.).

MONY, membre du comité.

MORAND (A.), ancien notaire, officier du Medjidié, chevalier de N.-D. de la Conception de Villa-Viçosa, à Moulins.

MORAND (Gabriel), propriétaire, à Moulins.

MOREAU (René), secrétaire du comité.

NÉNY (l'abbé), chanoine, secrétaire de l'Evêché, à Moulins.

NŒTINGER (Gustave), membre du comité.

NOLÉ (le docteur), officier d'académie, directeur de l'établissement Sainte-Catherine, près Moulins.

OLIVIER (Ernest), directeur de la *Revue scientifique du Bourbonnais*, à Moulins.

OLIVIER (Henri), vice-président du comité.

PAILLOUX, membre du comité.

MM. PLAINCHANT (Gabriel), officier d'académie, à Moulins.

PLAINCHANT (Gustave), propriétaire, à Moulins.

QUIRIELLE (Roger de), vice-président de la Société d'Emulation et des Beaux-Arts du Bourbonnais, à Moulins.

RANGLARET, docteur-médecin, à Moulins.

RAZOUER (Paul), à Moulins.

REIGNIER (le docteur Alexandre), médecin consultant, à Vichy.

RUAULT (le docteur A.), chevalier de la Légion d'honneur, fondateur-administrateur de la Société française de conserves pour l'armée, à Paris.

SOCIÉTÉ D'AGRICULTURE (président M. DE GARIDEL-THORON).

SOCIÉTÉ DES CONNAISSANCES UTILES (président M. SEUILLET, officier d'académie).

SOCIÉTÉ D'EMULATION ET DES BEAUX-ARTS DU BOURBONNAIS (M. BERNARD, secrétaire-archiviste), à Moulins.

SOCIÉTÉ DE GYMNASTIQUE La Bourbonnaise (directeur M. BARBE, officier d'académie, professeur au lycée Banville).

SOCIÉTÉ D'HORTICULTURE DE L'ALLIER (président, M. H. OLIVIER), à Moulins.

SOCIÉTÉ MUSICALE La Lyre moulinoise (Directeur M. BOULLARD, officier de l'Instruction publique, directeur de l'Ecole de musique de Moulins).

SOCIÉTÉ ORPHÉONIQUE l'Union chorale (directeur, M. BOURGOUGNON, à Moulins).

SOCIÉTÉ DE TIR (président M. le comte DES LIGNERIS).

MM. Sorrel (Joseph), membre du comité.

Teuntz (Christian), négociant, à Moulins.

Thonnié (Baptiste), avocat, bibliothécaire de l'ordre des avocats, à Moulins.

Treyve, officier du Mérite agricole, horticulteur, à Moulins.

Tridon (Henry), chevalier de la Légion d'honneur, chef de bataillon au 98e régiment territorial, à Moulins.

Trimoulier, membre du comité.

Vaissière (Pierre-Henri), percepteur, à Moulins.

Vichy (Mgr Théodore), protonotaire apostolique A. I. P., doyen du chapitre de Notre-Dame, à Moulins.

Vié (Jacques), membre du comité.

Viguier, receveur des Postes et Télégraphes, à Montluçon.

Ville (Pierre-Marie), membre du comité.

Vivier (Edouard), inspecteur-adjoint des Eaux et Forêts, à Moulins.

Watelet (Félix), ancien banquier, à Moulins.

Moulins. — Imprimerie Bourbonnaise, 64, rue d'Allier. — 8-98.